蜗牛之梦：

从特教学校到资源中心

石彩霞　主　编

重庆大学出版社

图书在版编目(CIP)数据

蜗牛之梦：从特教学校到资源中心／石彩霞主编
. -- 重庆：重庆大学出版社，2020.4(2025.5重印)
（特殊儿童教育康复指导手册）
ISBN 978-7-5689-1886-2

Ⅰ.①蜗… Ⅱ.①石… Ⅲ.①成都市双流区特殊教育
学校—校史 Ⅳ.①G769.287.11

中国版本图书馆 CIP 数据核字(2019)第 265507 号

蜗牛之梦：从特教学校到资源中心

WONIU ZHI MENG：CONG TEJIAO XUEXIAO DAO ZIYUAN ZHONGXIN

石彩霞　主　编
策划编辑：陈　曦

责任编辑：陈　曦　　版式设计：品　木
责任校对：万清菊　　责任印制：张　策

*

重庆大学出版社出版发行
出版人：陈晓阳
社址：重庆市沙坪坝区大学城西路 21 号
邮编：401331
电话：(023) 88617190　88617185(中小学)
传真：(023) 88617186　88617166
网址：http://www.cqup.com.cn
邮箱：fxk@cqup.com.cn(营销中心)
全国新华书店经销
重庆新生代彩印技术有限公司印刷

*

开本：720mm×960mm　1/16　印张：11.25　字数：119 千
2020 年 4 月第 1 版　　2025 年 5 月第 3 次印刷
ISBN 978-7-5689-1886-2　定价：45.00 元

编委会

主　编　石彩霞

参　编　彭　燕* 王　玲　张　静

　　　　梁雪梅　文　静　张春花

---

* 彭燕,博士,四川师范大学教育科学学院副教授。

序　言

2012年初夏，雨后初晴，在双流特殊学校（以下简称"双流特校"）老校园的小花园里，一只小蜗牛背着重重的壳在树枝上慢慢地爬行，这引起了培智一年级孩子们的注意。那是一节室外探索课，孩子们围着这只勇敢无畏的小蜗牛，叽叽喳喳地说着什么，老师没有听明白。正当老师疑惑之时，忽然听到一个小男生艰难地说出"蜗牛"的声音。下课了，老师把这个故事讲给我听，我听完故事，心中感慨万千，我跟老师有着一个共同的感悟："瞧，这些孩子的经历多么像背负着沉重外壳的蜗牛呀！"蜗牛，一种不起眼的生灵，背着沉重的包袱，迈着艰难的步履一步一个脚印向前爬行。虽然路途遥远，却一直充满希望，勇敢向前。虽然收获甚少，却依然脚踏实地。蜗牛的一生，也许并不为多少人知晓，但蜗牛每爬行一步，都会留下闪闪发光的足迹。蜗牛坚持不懈、执着向前、无怨无悔的精神品质，不正是全体师生共同追求的精神品质吗？在特殊教育这条布满荆棘的大道上，我们像渺小而坚强的蜗牛，把艰辛装进身后的行囊，用信心丈量人生的希望，用生命谱写岁月的华章。我们虽命如蜗牛，但只要蜗行不止，便可慢步天下。于是，一份承载着双流特校师生共同梦想的校刊《蜗牛之梦》诞生了。

《蜗牛之梦》是双流特校老师们的梦，是双流特校"小蜗牛"们的梦，是"小蜗牛"家长的梦。一开始，老师们在校刊上写蜗牛，写见识，写情感；小蜗牛在校刊上写老师，写同伴，写学习；家长在校刊上写育儿心路，写老师的付出，写小蜗牛的成长。渐渐地，随着双流特校职能的拓展，《蜗牛之梦》的作者们不再只写特校的蜗牛，开始写双流各普通学校里学习的小蜗牛，还有那些在家接受送教服务的小蜗牛。特教学校也悄然发生着变化，特校也不再只是特校，而是全区的特殊教育资源中心。全体教师的关注视野也不再只是校内的孩子,而是全区有特殊教育需求的孩子。于是,蜗牛之梦变成了双流特教资源中心老师的梦,变成了双流区所有小蜗牛的梦,变成了双流区蜗牛家长的梦。

《蜗牛之梦:从特教学校到资源中心》是一本讲述双流特教人追逐蜗牛梦的故事书,书中不只描写了双流特校单位名称的变革,还展示了特教学校慢慢变革为特教资源中心的过程,是双流特校在融合教育背景下的勇敢探索,是结合双流作为一个区(县)小城实际做出的实践尝试。双流特校教师从自身的实践经验出发,将实践历程和经验娓娓道来,为区(县)特教学校拓展职能引领当地特教发展提供实践经验参考。

《蜗牛之梦:从特教学校到资源中心》一书共九章,第一、第二章具体阐明了双流特校寻求变革的心路历程;第三至第六章主要讲述的是学校职能转型成为资源中心后的组织机构调整及运作机制的建设过程;第七章讲述的是资源中心下设特教实验校作为全区特殊教育实践的引领示范基地,在特教全域服务、全域支持理念下的自我更新历程。第八、第九章讲述的是双流特校如何走内涵和品质发展的创新路径。

《蜗牛之梦:从特教学校到资源中心》一书能出版,首先要感谢周林、邓猛、丁勇、许家成对书籍写作的指导,更要感谢双流特校实践者提供的系列案例。

借书籍出版的机会,我们要感谢在双流特教学校到双流特教资源中心的实践中给我们提供帮助和指导的特教专家,感谢为双流融合教育实践进行悉心指导的专家:李天顺、肖非、邓猛、王雁、许家成、方俊明、林坤灿、张文京、徐云、丁勇、盛永进、杨希洁、夏峰、周林、章永、彭燕、王真东、黄汝倩、蔡明尚、曹照琪、易恩等;感谢双流区委、区人大、区政府、区政协及区级各部门的高度重视和行政支持;感谢长期为双流特校奉献的双流教育人和每一位融合教育参与者!

融合教育,我们一直行走在实践的路上,我们期待、憧憬并笃定双流特教明天会更加美好!

目　录

第一章　特教学校发展之路 / 1

在改革与探索中找到出路 / 2

新政策新任务形成倒逼之势 / 6

普特学校的新变化与新期待 / 11

第二章　特教学校转型的家底 / 17

我们的融合教育观 / 19

我们的特教专业底气 / 20

我们的学校管理与评估 / 23

第三章　特教学校到资源中心的转型 / 27

叩问特教学校，为中心准确定位 / 28

继承中创新的资源中心枢纽 / 32

"行政+专业"的联动服务体 / 43

第四章　融合教育专业内生力提升的新引擎 / 53

教师徘徊在专业发展的十字路口 / 54

"蜗牛学苑"是资源中心教师成长的孵化园 / 57

区域融合教育教师阶梯化成长的锦囊妙计 / 61

1

第五章　专业整合的融合学校适性支持　　　　　 / 71

探寻医教结合的新路子　　　　　 / 72

动态安置与一人一案　　　　　 / 77

普通学校主动满足孩子的特殊需求　　　　　 / 83

包片巡回，带动区域融合学校高效运作　　　　　 / 86

蹲点指导，全面撬动普通学校融合支持　　　　　 / 90

第六章　融合教育品质保障的考核评估　　　　　 / 99

有温度的考核　　　　　 / 100

融合教育年会与表彰先进　　　　　 / 114

第七章　资源中心下设的特教实验学校　　　　　 / 119

从临床示范里走出来的骨干　　　　　 / 120

双线支撑的"慢美"课程　　　　　 / 126

项目统整与服务全域　　　　　 / 134

第八章　普特联动的大特教研究　　　　　 / 139

科研，是一种捷径　　　　　 / 140

思辨力，对每个人都很重要　　　　　 / 145

普特携手的大特教研究　　　　　 / 148

特教研究助推特校华丽转身　　　　　 / 154

第九章　深度融合创新互动平台　　　　　 / 159

融合教育集团　　　　　 / 160

融合教育夏令营　　　　　 / 166

第一章　特教学校发展之路

在改革与探索中找到出路

　　特教学校是对残疾儿童、少年实施教育的专门机构。20世纪80年代起，应普及九年义务教育的需求，中国各地的特教学校如雨后春笋般纷纷建立。今天，在全国30万人以上的区（县）中，特教学校的覆盖率已超过90%。

　　双流特教就诞生在那个时代。1993年5月，双流特校在双流县文星镇五朵莲村一所闲置的村小挂牌成立。建校初期，5名教职工，6名听障学生，组建了一个学前语言康复训练教学班。

　　当时，双流特教学校位置偏远、交通不便，办学条件和人文环境都很差，学生不愿到校就读，不利于学校的发展。1995年10月，在双流县委、县政府的领导和关怀下，双流特教学校搬迁至双流县城，学校的办学条件得到了极大的改善，办学规模也由原来的1个班扩大到4个班，至此，双流特教学校向规范办学阶段迈进。

　　双流特教经过15年砥砺奋进，达成了学校从建校起步、规范办学到特色化办学的优质发展，促进学校走进了四川省乃至西部一流特教窗口示范学校的行列。

在 2007 年春季,学校已经发展到拥有 212 名学生,17 个教学班,62 名教职工的办学规模。同时,一系列办学难题摆在了学校管理者和全体特教人面前,未来的双流特校该何去何从? 现在的双流特校是继续扩招,办航母型县级特殊教育学校,还是办在区域范围内具有专业引领、示范辐射和教学实践指导的实验学校呢?

带着一系列问题,教育局领导、特教学校行政班子成员通过举办学校发展论坛,召开教师专业发展与课程建设会议,开展部门联动现场办公,商讨区域特教发展格局调整。最后确立,双流特教的发展要与双流各类教育的发展齐头并进,双流特教必须把握利好政策带来的发展新机遇,不断拓展学校职能,形成"打破围墙、开门办学、走出特校,服务全区"的大特教观。同年,双流县拟订了大力开展残疾儿童少年随班就读工作、建立全县特教支持服务体系布点实验的目标任务。具体包括在特教学校建立资源中心,在普通中小学建立残疾儿童少年随班就读特教资源教室,如彭镇小学、华阳小学、籍田小学、太平学校、黄龙溪学校。

特教资源中心应该怎么建,怎样履行资源中心服务职能等一系列问题的出现打破了传统的学校管理模式与服务方式。

于是,2007 年春季,双流特校自主挂牌成立双流县特殊教育资源中心,校长牵头负责,选派 1 名中层干部和 1 名青年骨干教师具体负责推动此项工作。从此,特校服务职能开始拓展,承担组建并指导资源中心、普校资源教室专业建设及开展活动的工作任务。从此,双流县开启了随班就读的早期探索,在分片布点的起步阶段已初步建成特教资源中心 1 个,特教资源教室 5 个。

2009 年 9 月,双流县教育局下文在双流特校成立特教资源中心。资源中心属于学校中层职能部门,双流特教进入持续推进、健全服务体系阶段。教育局负责建立健全特教工作机制,积极营造良好的特教发展氛围;特教学校继续拓展职能,携手县域内普通中小学校长推进普校特教资源教室的建设工作,并抽调 5 名特教骨干教师负责指导全县各中小学资源教室开展具体活动。到 2012 年底,全县中小学特教资源教室建设工作全部完成,N 个普通学校资源教室的建设成为双流随班就读工作推进的主力军。至此,双流县"1+5+N"三层级资源教室建设实现全覆盖。

2013 年底,双流撤县设区,原双流县的 12 个乡镇划入天府新区,隶属成都直管后,双流区还剩 12 个镇(街道)。双流的大特教服务体系面临新的调整,在教育局的行政推动下,在特教学校资源中心的专业指导下,双流区三层级资源教室的新布局调整工作全部完成。

一路探索一路前行,双流特教学校的发展,取得的成绩,以及在全县大特教发展中发挥出的不可替代的作用,让上级领导和普通教育同行纷纷点赞!

2015 年春季,双流区被列为国家特殊教育改革实验区,具体承担随班就读项目试点研究,双流特教喜获重大发展平台。

反思过往,我们何德何能承担此项工作呢? 核心因素就是我们在牵手引领区域特殊教育发展上先走出来,具备敏锐眼光,抓住了一些机会,同时特教学校的发展理念和特教教师的专业素养也为我们承担该项任务提供了基础。

通过"国改区"项目试点研究,双流又开始推行基于特殊学生学习质量提升的资源教室功能结构深化构建工程,我们的视线已经转向系统关注全区特殊儿童少年学习质量、生活品质的层面。

同年 5 月,双流区委编办下文成立双流区特殊教育资源中心,中心挂牌在特教学校,中心主任由教育局分管副局长担任,中心设副主任 2 名,由教育局小教科长和特教校长担任。特教学校校长是负责资源中心日常工作的执行主任。从此,特教学校和资源中心在具体运行中走向"一套班子、两块牌子"的新阶段。

在 3 年的"国改区"项目试点工作中,双流区加强了"1+5+N"三层级资源教室功能结构的深化构建,形成了全区高效服务随读生的资源教室 5 步流程服务机制,一系列实验成果得到教育部、中国残联及联合国教科文组织的高度肯定,并进行了大面积推广,全国各地教育同行纷纷前往双流学习取经。

在双流这片土地上,教育改革探索的步伐从未停止。2018 年,双流特教又申请到教育部教师发展中心指导项目。该项目在融合教育背景下,对促进特教学校进行体制机制改革,特教学校职能转型成为区域特教资源中心,并将传统的特教学校转型为资源中心的下设特教实验学校，具体负责双流区的重度、多重残障儿童少年并为其提供教育康复服务具有重要作用。

路漫漫其修远兮，吾将上下而求索。虽有艰难困苦，双流特教人将勇立潮头、风雨无阻地为帮助全区特殊孩子追求和获得有尊严、有品质的生活而砥砺奋进！

新政策新任务形成倒逼之势

2014年1月，国务院办公厅转发教育部等七部门制定的《特殊教育提升计划（2014—2016年）》，这是我国教育领域的又一次重要行动，更是特殊教育走向质量发展的"强心剂"和"尚方宝剑"。这是一个专门针对特殊教育发展的3年行动计划。

2014年1月27日，全国特殊教育工作电视电话会议在北京召开，中共中央政治局常委、国务院总理李克强作出重要批示："办好特殊教育，对于保障残疾人平等参与社会的权利、增加残疾人家庭福祉和促进社会公平正义具有十分重要的意义，也是教育现代化的重要内容。各级政府要高度重视，带着深厚的感情，履职尽责，特教特办，认真实施好特殊教育提升计划，让残疾孩子与其他所有人一样，同在蓝天下，共同接受良好的教育。"中共中央政治局委员、国务院副总理、国家教育体制改革领导小组组长刘延东出席会议并讲话，她强调，要认真贯彻落实李克强总理重要批示精神，以改革创新推动特殊教育发展,提升特殊教育水平,进一步保障残疾人受教育权利。

至今,回想起当时参加电视电话会议的场景,我依然十分激动和振奋,那一天特教人奔走相告,朋友圈也"刷爆"了。那年的 1 月,"特教之春"来得特别早!

特殊教育提升计划设有一个总目标,那就是全面推进全纳教育,使每一个残疾孩子都能接受合适的教育;明晰了"提升特殊教育教学质量、提高普及水平、加强条件保障"三项重点任务;确立了一种工作策略,那就是把特殊教育纳入重要民生工程,建立政府主导、部门协同、各方参与的工作格局。

作为特教学校,如何抓住国家特殊教育发展政策方针出台的大好时机,以敏锐的视角瞄准特教发展的新生长点,因应需求做好规划和计划是头等大事。作为一所区县特校,要想成为勇立潮头的特教先锋,就要善于抓住特教提升计划文件中的关键词语,并进行深度思考,因为这些词语能帮助我们找到当前特校的发展之道。如"全纳教育"的倡导,在教育观念、教育制度和教育实践上给普通教育和特殊教育带来了巨大的挑战。一方面国内一些发达地区的特教学校走向萎缩或者消亡,大量单一障碍类别特教学校转向综合性特教学校,并主动向学前和高中阶段延伸;另一方面普通学校随班就读规模扩大后,各校特教资源教室纷纷建立。如何实施全纳教育所提倡的接纳所有学生、满足学生不同需求的理念,普校教师在专业上能否达成这一教育目标,是普通教育面临的最大挑战。让普校教师独自承担? 还是积极整合区域资源,让普特教师跨专业合作,携手为每一个学生提供合适的教育服务?特教学校校长必须看到特教转型的优质路子,才能引领学校走上品质卓越的道路。

双流特教学校于2007年开始拓展服务职能,属于早期转型服务的学校。但是面对《特殊教育提升计划(2014—2016)》政策文件,我们没有为已有的功劳沾沾自喜、躺在功劳簿上睡大觉,相反,我们高度重视,组织全体教职工细读精学、深刻领会文件精神及同专家一起解读策略,最终形成了《双流区特殊教育提升计划实施方案》。

作为特教学校和区域特殊教育资源中心,我们主要抓了两方面工作。

一是立足校本,练好内功。在完善国家课程校本化实施方面,形成了具有校本文化特色的慢教育课程体系,包括慢文化课程、慢生活课程和特需课程。我们的慢教育课程注重教育课程和康复课程在特校跨专业整合上的实践探索。同时,我们抓住了课程执行的关键主体——教师,培养他们实施课程的专业能力。我们想到了建立具有内生动力的校本培训基地,并为它取名为"蜗牛学院"。通过学院星级研修课程的设置,我们采取请校外专家进校、校内专家登台、项目组骨干教师开办讲座等方式,不断提升教师的专业素养。从2007年起,十多年孜孜以求的实践探索,让双流特校形成了富有校本特色的慢教育课程方案、实施策略和评价体系,并开辟了教师课余练笔的校刊《蜗牛之梦》。

二是放眼区域,引领示范。如果要问我,今天双流特校成功转型的秘诀是什么。我会毫不犹豫地告诉你,那就是"准确定位、全员宣导、锻造专业"。我们的目标就是让双流特校的专业资源成为全区共享与服务的中心,所以我们不遗余力地对融合教育与特校转型的相关理念进行持续宣导,让每一位教师明白,整合特校资源、建立区域特教资源中心,进行系统支持服务是当今特校发展的必然。因为我们具有前瞻性思考力,所以我们敏锐地抓住了自主申报国家特殊教育改革实验区的机会,2015年被教育部批准为全国特殊教育改革实验区,承担随班就读改革项目的试点研究,同时以课题的形式进行系统探索。这一年我们还成功申请了省级重点课题"区域提升随读生学习质量的资源教室深化研究"。我们要成为有担当的区域大特教发展的专业代言人,就要当好教育行政部门管理特教工作的智囊团和助推手,还要成为普通学校教师专业成长以及解决疑难杂症的加油站和资源库。

"十年磨一剑",经历了10年普特携手探索实践,今天我们收获的是普特双赢、共同发展的成果。

而今,双流特教人正活跃在各个普通学校、深入各位残疾学生家里,我们看到的是特教人由内而外散发出的专业自信,我们还看到普校教师及特殊学生家长对特教老师深深的感激。2014年,我们的课题"特校资源中心引领区域随班就读质量提升"获得四川省人民政府教学成果一等奖和教育部基础教育教学成果二等奖。

第一阶段学校转型成功后,我们深刻的体会是"垦荒之路上有苦更有甜"!

如果说2014年国家特殊教育提升计划的出台，让全国特教学校解决了经费保障问题，从此不再为学校生存运转发愁。那么2017年国家出台的两大特教政策更让很多校长从思想上高度重视办学质量、内涵发展和教师生存等问题。如果错失良机，将让特教学校面临专业生存的重大危机，同时将严重滞后于当地特教的发展。

2017年国家出台《残疾人教育条例》和《第二期特殊教育提升计划（2017—2020年）》。一时间，官方解读、媒体宣传、专家指导等各项活动不断展开，从行政部门、高等学校到基层学校，大家都在学习、领会和因地制宜贯彻落实。不管是《残疾人教育条例》还是《第二期特殊教育提升计划（2017—2020年）》都有许多沉甸甸的"干货"指标等待各地去贯彻落实。

但凡有点特教专业情怀的特教学校都会强烈感受到"质量与内涵、专业与品质、融合与联动"等关键词的高频率出现。

在政策的强势推进下，双流特教人再一次抢抓机遇，找准双流特教发展的关键目标任务。我们认真学习国家及省市相关文件精神，深度剖析双流特殊教育发展的现状，找准当前制约特教发展的瓶颈，邀请高校专家、部门行政主管、基层骨干教师等人员召开双流特殊教育论坛进行专题讨论，拟定了《双流区融合教育质量提升三年行动方案》，并由双流区教育局等八部门联合发文，出台了高标准的《第二期双流特殊教育提升计划实施方案》。同时，双流区还将特殊教育纳入双流教育机制体制改革十大任务，明确提出在融合教育背景下，特教学校职能翻转成区域特教资源中心的实践研究。相信三年后的双流特教人定会谱写大美特教的新辉煌。

普特学校的新变化与新期待

在全球经济一体化发展的当今时代,国与国之间因为经贸往来,形成彼此相互开放、相互联系、相互依赖的有机体。不同国别之间通过经贸往来建立起文化交流、政治互信等多边互动机制,以实现互利互惠、协调发展和资源优化配置,世界各国不同种族、不同文化背景及不同处境的人走向迁徙与融合。

受"地球村效应"及"全纳教育思潮"的影响,不管是普通学校还是特教学校的生源结构都出现了明显的变化。在一个学校有汉族孩子也有少数民族孩子,有当地常住居民的子女也有外地务工人员子女,有本国公民的子女也有外国居民的子女,有普通的孩子也有特殊的孩子,这些都是学校生源的常态结构。

近年,在全纳教育思潮影响下,中国政府大力推进融合教育,先后出台多项保障特殊教育发展的政策文件。2017 年,中国政府先后出台了《残疾人教育条例》和《第二期特殊教育提升计划(2017—2020 年)》,都明确提出坚持统筹推进、普特结合的原则,根据其残障类别和接受能力,采取普通教育方式或者特殊教育方式安置残疾少年、儿童入学,并强调优先采取普通教育方式。要求普通学校和特教学校责任共担、资源共享、相互支撑,积极推进融合教育,全面加强融合教育支持保障体系建设,支持特殊教育学校建立特殊教育资源中心,在区域内提供特殊教育指导和支持服务,同时接受教育行政部门的委托承担具体工作,如指导、评价区域内的随班就读工作;为区域内承担随班就读教育教学任务的教师提供培训;派出教师和相关专业服务人员支持随班就读,为接受送教上门和远程教育的残疾儿童、少年提供辅导和支持;为残疾学生父母或者其他监护人提供咨询;承担其他与特殊教育相关的工作。

这是新时期国家给各级地方政府、普通学校和特教学校下达的目标任务,必须自上而下一以贯之,才能不辱使命、不负重托。

具有中国特色的残疾儿童、少年随班就读工作从 20 世纪 80 年代开始探索,其间,教育部牵头在一些农村地区选点进行研究,虽然取得了一定的经验成果,但是由于缺乏系统支持保障体系的建立,未能在全国进行大面积推广。2000 年以后,国内一些地区开始由政府主导,从行政支持和专业支持方面建立随班就读支持保障体系,以促进残疾儿童、少年进入普通学校,并开始探索促进其"进得来、留得住、学得好"的策略。如四川的双流、邛崃和新津几个地区。

2007 年起,双流籍的听障、低视力及轻度残疾儿童纷纷进入普通学校随班就读,同时教育局的领导和特教学校的专业教师也开始因为特殊儿童的入校适应问题,在普通学校里穿梭,帮助普通学校校长、中层干部和学科教师快速掌握急需的特教技能,以解决特殊学生进入普校后普校教师无所适从的问题。

　　至今我都还记得,双流区教育局小教科丁科长带领特教教师在双流彭镇小学召开随班就读工作会的情境。当时双流推进随班就读工作的策略是以理念宣导转变观念为先,以分时间段落实目标任务为导向促进普通学校随班就读支持体系的建立。

　　试点学校接到任务后,不是茫然就是心有余而力不足,有的学校干脆消极怠工,有的学校则主动向特教学校求助。在我的印象中,这是我毕业分配到双流工作近 15 年来,普校第一次向特教学校求助。以前都是因为特教学校缺少现代教育技术设施设备,而经常请相邻普通学校的老师帮忙。那时的特教教师有比普通学校教师低一等的不自信。

　　说句老实话,当时面对普校推进随班就读的各项工作任务,特教学校和特教老师也是一片茫然。我们是按照传统思维,管理好特教校内一亩三分地,继续走特教人校内自娱自乐,还是改革创新,转变传统特教学校管理模式和服务职能,牵手普通学校一路前行? 我们坚定地选择了后者。

　　做出选择容易,付出行动艰难! 对于特教人来说,我们拥有的优势就是部分教师学习过一些特教理论知识,老师们接触残疾学生的经历比普校教师丰富。面对特殊学生进入普校后该怎样管理,普通学校随班就读工作怎样开展,随班就读工作制度怎样制订,资源教室怎么建设,应该开展哪些活动等一系列问题,特教老师以前也没有想到过,在当时心中也没底。我们唯一的办法就是向书本求助、向网络求助,可是当时这一领域的研究成果还比较少,我们只有选择带领普通学校行政干部和教师一起摸着石头过河、边探索边实践，虽然走了不少弯路，但是我们毅然坚持心手相牵、普特校教师同行。在这里，我要特别感谢四川省特教战线退休的两位老校长，一位是蔡明尚校长，另一位是曹照琪校长。两位校长给予了我们持续的专业支持和情感鼓励，没有她们的支持鼓励和资源链接，双流特教人不会有今天的专业功底和专业实力，更不会谱写双流融合教育发展的华彩篇章。

随着普通学校随班就读工作的大力推进，双流特教学校的生源结构也在悄然发生着变化：义务教育阶段聋生开始停止招生了，重度智力障碍、自闭症、脑瘫、情绪行为问题学生进来了，原来刚入学的学生至少能够进教室坐下来。现在新入学的学生有的满校园跑，有的在校园随地大小便，有的坐轮椅，有的需要长辈全天陪读……一句话，以前校内没看到过的，现在都来了。

因为教育权是仅次于生命权的第二重要权利，对于身心障碍人士来说也是同等重要的权利。"治穷先治愚"，只有让每一个人都拥有基本的受教育权利，享受到合适的教育服务，才能真正促进个人成长与发展，才谈得上让每一个人都过上有尊严、有获得感的生活。所以，双流区从2007年起就出台学生入学"零拒绝"政策。为此，双流特教校开始了一轮又一轮的服务模式调整、课程方案优化，特教人既响应全纳教育的需求，一手抓校本学生教育教学、康复训练工作，用专业服务于每一名学生；另一手又毅然承担起区域重度及多重障碍孩子的送教上门工作。老师们深入各镇（街道）残障孩子家庭，把课堂设在农家院墙、客厅茶几、卧室床边等地方,把最专业、最热情的教育教学及教育康复服务送到孩子们的心坎上。

这几年,我们的学校发生着各种变化,学校的教育服务项目越来越多了。从服务内涵来看,有九年义务教育服务,有学前教育服务,还有高中职业教育服务;从服务时限来看,有全日班、半日班,有小时班,还有周末班;从课程组织形式来看,有集体大课,有走班小组课,还有康复个训课;从开课地点来看,有教室课堂,有校园课堂,还有社区课堂……

2018年9月,我们又迎来了一个新的发展阶段——学校率先在区县特校招收心智障碍学生职业高中班。

期待变革中的特教学校作为双流区特殊教育资源中心下设的实验学校,在专业发展的道路上不断追寻一个又一个新的远方。期待双流特教实验学校的每一位教师真正成为解决全区有特殊教育需求学生的问题的大专家,真正起到特殊教育教学实践者、示范者和引领者的作用。

第二章　特教学校转型的家底

　　当前,中国特殊教育的发展趋势是普通学校优先安置残疾儿童少年入学,特教学校在各地区教育发展中承担着融合教育理念宣导、特殊儿童教学骨干示范、特教技能引领提升等职责,这些职责都是在新时代下特教学校的重要使命,各级各类特教学校必须走职能转型之路,不断优化服务职能,主动担当、主动作为。

　　细数双流特校每一段发展经历犹如一次远行。我们要求学校上上下下所有人都必须清楚,我们要到什么地方去,为什么要去那里,应该从什么地方出发,路途中需要做好哪些工作,谁负责执行,谁负责督导等。这些都需要民主讨论、博弈形成远行方略,最终才能把理想变为现实。远行方案的实施就是一个庞大支持体系的建立和执行,只有顶层谋划思路清晰、中层执行管理务实、基层实践专业夯实,才能通过众人划桨助力将特教学校这艘大船航向远方。

　　现在,回到特教学校职能转型的问题上,我们就会更容易理解特教学校在融合教育背景下必须厘清的几个问题了。

我们的融合教育观

融合教育是当前中国特教发展的主阵地,特教学校的校长、中层干部、教师怎样正确理解这一理念呢?

我不敢说当前我国的特教学校管理团队和教师团队都能正确理解这一理念,并愿意付诸行动。我也没有统计过,当前有多少学校对这一理念的理解还有重大偏差。我只能观察到当前特校的一些现象:一些教育发达地区的特教学校纷纷开始行动起来,通过强化师资培训提升教师专业技能,通过在医教结合、教康整合的背景下探索国家课程校本化实施途径,走进普通学校辅导特教学生,通过深入社区开展特殊学生家长培训和社区融合教育支持服务……

与这些校长们交流,印象最深的一句话就是"今天的普、特学校牵手是为了推动地区融合教育发展,争取让更多的特殊儿童少年进入普通学校学习,也许未来中国有很多特教学校服务职能会转型或者不直接招收全日制服务学生,但是我们无怨无悔,这是我们事业追求的最高境界"。

所以,今天的特教学校校长、管理干部和教师团队一定要有一种全纳、融合、生态的特教大智慧和大情怀。今天的特教教师不再只有特教学校的三尺讲台,我们的教学舞台扩大到了普校课堂、社区课堂以及特教需求学生的床边。

从2007年融合教育理念在双流特教人中的第一场专题宣导开始,双流特教人经历了最初的彷徨忐忑,但教师们不矫情、不懈怠，做事不拈轻怕重，而是孜孜以求、全力以赴去改革、创新、探索、实践、交流经验成果，最后赢得了各级领导、专家学者和教育同行的肯定和赞赏，受到了教育部、中国残联、联合国教科文组织的推广点赞！

回想起来，我们成功的最大法宝就是"学习、学习再学习，培训、培训再培训"。没有持之以恒的系统培训机制的建立和保障，就没有双流特教人今天走出校园在更大空间和平台上施展自己专业魅力的机会。

所以，我们要感谢当初那一份教育智慧和博大情怀，我们庆幸当初牵手开展双流融合教育支持服务。它让我们在服务普校教师、服务融合学生的同时，成就了特教人埋藏心中多年的专业自信。

我们的特教专业底气

任何一所特教学校的转型发展不是一朝一夕之功，更不是口头上表态应许学校就能够自然而然、顺理成章地实现转型。它需要特教学校从顶层、中层到基层的每一个细胞单元全都参与，也涉及学校人财物等资源的合理安排，包括教育教学管理与评估机制的配套跟进。

在特教学校转型的路上，今天的特教人走出校园面对区域大特教发展的机遇，最大的挑战是教师的专业功力究竟能不能满足普校教师及特殊教育需求学生的现实需求。

普通学校成为了特教教师解决特殊学生疑难杂症、展示特教专业功力的考核现场。在教学合作过程中,专业能力强的教师很快会成为推动融合教育的普校争相预约的热门教师,这让专业能力不足的教师越来越感到压力的巨大。

回顾双流特校转型发展的成功之路,如果说有什么秘诀的话,那就是持之以恒地不断提升干部队伍和教师队伍的专业能力和专业素养。提升干部队伍的特教理念、专业能力和专业素养是特教学校成功转型发展的最关键因素。因为,校长和行政管理干部在学校各项事业发展中起着领头羊和助推手的作用。教师队伍是推动区域融合教育工作的专业主力军,他们在夯实教育教学基本功的同时,不断拓展自身的专业发展方向,积极进修第二专业或者第三专业,以应对融合教育下不同样态的学生。

双流特教学校经历了从职能初步转型、校内成立特教资源中心,到特教学校转型成为特教资源中心、同时资源中心下设特教实验学校的阶段式发展。在学校发展的各个阶段,不管是特教学校还是资源中心牵头专业引领区域特教工作,我们从来都没有放松过对行政干部和教师队伍的理念宣导和专业成长培养。

我们探索并形成了富有双流特色的师培模式。如期初、期末为期一周的团队研修模式,每周五围绕部门期初确定的主题开展的集训模式,每周二、三、四由项目负责人和专家共同带团队开展的研训模式,每周二至周四由教师发展中心推出的教师自主参与的研训模式。

2014 年 1 月 20 日,双流特教学校搬迁到新校区。当时许多办公设备处于陆续采购中，在只有学生书桌到位的情况下，我们仍然坚持按期开展入校的第一次行政干部培训和教职工专业培训。我们的理念就是"设施设备可以滞后，教师的理念和专业水平不能滞后"。现在，每次看到那张全体教职工坐在空旷教室里聆听校长开展专题培训的照片，大家都特别激动，因为那是特教人排除万难、孜孜以求、积极向上的专业精神的最好体现。

我们精心设计教师专业发展课程培训"菜单"，通过培训，大家认真学习国际、国内特教相关政策法规，讨论特校文化与课程，进行特殊学生教育诊断与评估，探索编制特殊学生课程的评量体系，讨论区域融合教育专业推动的三层级管理策略，探讨区域普通学校资源教室功能结构深化构建的实施流程……这些都是通过集中培训、小组讨论、工作坊实践等方式开展的。

每一年，教师的培训经费都将纳入学校经费的最重要指标予以优先安排，并作为资源中心执行主任和特教实验学校校长目标考核和教师民主评议的重要指标。

在双流特教学校，校长一方面要负责学校发展中心的工作，定期向上级领导汇报区域特教发展情况，提出专业建议；另一方面还要定期向专家咨询、与教职工商讨并调整管理与评估策略，争取特教相关资源链接、培养和培训中层干部，担当着承上启下的工作职责，带领全体教职工投入到广阔的大特教实践天地。

在双流特教学校，行政干部一方面要做好校内分管部门工作,定期参加学校发展中心各项活动,认真听取部门提出的具体落实各项工作的专业化建议;另一方面还要积极参加融合教育专业实践项目工作,负责做好区域融合教育实践中的教育诊断与评估、特教师资培训、普校融合教育巡回指导、特教资源链接、特教改革与研究、特教考核与评估等工作。

在双流特教学校,教师团队一方面要严格按照学校慢教育课程方案开展教育教学工作,积极参加各种专业进修,不断精进自身专业技能;另一方面还要服务双流全区,为送教上门学生和普通学校融合教育教师、特教需求学生提供特教专业支持服务。

把特教学校服务职能重新定位,并通过宣导形成全校共识,由特教学校全员、全节点、全过程参与区域融合教育的理念和做法,今天正在被各地特教学校学习和借鉴。

我们的学校管理与评估

传统的特教学校管理是指对本学校的教育、教学、科研、总务和师生员工等各项工作进行计划、组织、协调和控制的活动。管理的主体和客体都是特教学校自身,即学校对自身的管理。特教学校通过管理,把各项工作及其组成要素结合起来,发挥整体功能,以实现其对学生的培养目标和各项工作目标。

2007年以前,双流特校的管理与评估,实行传统校本管理模式。但从2007年3月学校拓展职能牵头专业引领区域融合教育工作开始,学校的管理与评估方式就开始发生了变化。

一是学校教师的服务方式发生变化,需要改变传统的考核评估办法。过去教师只是负责特教学校内部的各项管理工作,现在不仅要做好本校的各项工作,还要立足双流引领区域融合教育各项工作的开展。在管理上,我们首先面临着专业团队的组建问题。谁是学校最先跳出来吃螃蟹的人呢？我们的策略是采取组织推荐与教师自荐的方式组建队伍。这支队伍作为学校职能转型的项目牵头团队,接受教育局小教科和特教学校校长的双重管理,具体负责教育诊断评估、师资培训、巡回指导、特教资源链接等工作,并协调校内其余教职工具体参与各个子项目活动。

二是教师专业发展需求发生变化,需要改变师培模式及课程内涵。学校服务职能的拓展,对教师专业能力的要求越来越高,特教老师面临的特教需求问题也越来越个性化,需要教师用专业知识和专业技能来解决的问题也越来越多。这对教师的专业成长形成倒逼之势。一时间,许多教师纷纷要求提升自己的业务能力和专业水平。教师的专业成长模式为"精进教学基本功+发展第二专业"。这就要求学校打破只重视校本教学业绩考核评估的传统方式,调整并形成适应新形势的教学业绩考核和专业发展考核并重的模式,真正让考核评估成为促进教师专业成长的保障措施。

三是教师教学服务方式发生变化,需要制定新的工作办法和规章制度。特教学校的转型让教师的教学服务半径扩大,从特校到普校,从校内教师间同伴协作到普特教师专业整合共同发展,从过去对三类障碍学生服务到今天的为各类别障碍学生服务,为了应对各类别特殊学生的需求,教师们通过集体课、小组课、个训课等方式为学生提供专业服务。这是教师教学服务方式的新转变,传统学校考核评估办法中根本没有涉及此项内容,需要学校重新制定专业服务流程和专业考核办法,才能做到考核公平公正,并成为激励教师专业成长的好制度。

今天的双流特校转型成为资源中心下设的特教实验学校,学校的考核评估也融入了资源中心的各职能部门考核项目中。我们形成了《双流区特教资源中心职能部门目标任务考核办法》《双流区特教实验学校"4+X"慢教育课程考核评估办法》《双流区特教资源中心项目组考核办法》《双流区特教资源中心巡回指导工作评估办法》等考评机制。在考核评估的过程中,我们通过集体讨论表决议定每一项制度、每一个方案,形成了双流特教资源中心全员认同并遵守的规则。

每年3月,是资源中心和特教实验学校的各项制度完善和修改月。在考核评估或者规章制度执行过程中出现的矛盾和问题,教师们可以向班级首席教师、学段教研组长、各项目组负责人以及行政主管反映。只是大家必须遵守一个规则,那就是实名制反映,要对问题进行具体描述,提出解决问题的策略,然后由各信息接收组长把意见反馈到资源中心办公室进行汇总登记,作为资源中心和特教实验学校各项规章制度修改的基础依据提交全体教职工表决。

第三章　特教学校到资源中心的转型

叩问特教学校，为中心准确定位

　　双流区于 2007 年 1 月开展融合教育实践探索,双流区特殊教育学校也踏上了拓展服务职能的实践探索之路。为了助推区域融合教育工作,双流区特殊教育学校不断改革实践,探索创新。2007—2009 年学校选派 1 名骨干教师兼职参与区域随班就读工作;2009—2015 年学校向区教育局申请,并由教育局下文在特殊学校增设资源中心,作为校内中层管理部门运行。学校在 2007—2015 年这期间职能得到了拓展,服务对象也由校内扩展到了区域普校。"办好特殊教育"是当前国家对特殊教育提出的新要求,各级政府积极响应,行政支持、专业支持外围保障纷纷建立,共同实现融合教育的终极目标。2017 年 5 月 1 日实施的《残疾人教育条例》中明确提出:县级以上地方人民政府教育行政部门应当统筹安排支持特殊教育学校建立特教资源中心,在一定区域内提供特殊教育指导和支持服务。双流区积极贯彻落实国家对特殊教育发展的要求,明确提出区域特教发展目标定位为"普特融合、教康整合、优化师资、提升质量,为特殊需求学生提供适性的教育康复服务"。至此,双流特殊教育学校的职能拓展获得了区政府的高度认可,特教学校作为龙头引领区域随班就读工作。此阶段双流区特殊教育中心附设在特殊学校内,特殊学校作为法人单位,发挥特殊学校的资源优势,委派教师开展特殊需要学生家长咨询、康复训练、服务指导等工作,为融合教育提供支持。

从学校职能拓展,再到增设特殊教育资源中心,整体推动区域特殊教育发展的过程中,学校的区域专业引领力逐步增强。然而,区域特殊教育资源中心引领力度仍然有限,学校转型力度仍需增强,学校仍以传统的工作方式为主,导致人力、财力、管理、运作上难以应对较大范围的工作。

这让我们不得不思考:特殊学校现有的运作管理模式是否能够应对融合教育发展中资源中心的相关职能? 特殊学校怎么去满足区域融合教育越来越大的需求? 怎么以合理的方式考核资源中心?

实践中,我们还发现将特殊教育资源中心附设在特殊学校主要有以下三个弊端。一是特殊学校专业资源利用率较低。特殊学校有专业的师资队伍和教康整合资源,这些资源需要整合性地运用于区域特殊学校学生、普通学校随班就读学生、送教上门学生。然而,当前学校大量的专业人员与康复设备仍然主要运用于特殊学校学生,运用到随班就读学生和送教上门学生的比例仍有较大提升空间。二是资源教师普特教专业整合力不足。区域已经初步形成了一支普特教整合的教师队伍,但由于二者专业背景的差异,需要不断强化学习和交流沟通。当前,普特教师的工作地点和工作任务存在差异,双方的专业理解和相互学习机制不健全,普特校教师专业深度整合仍需进一步提高。三是特殊儿童及家长日益增长的教育需求难以满足。当前,特殊学生及家长对教育和康复品质需求日益增长,尤其是随班就读学生,急需特殊教育专业人员掌握系统多元的特殊教育知识,服务于各类身心障碍学生,促进他们的全方位发展和生涯发展。

基于上述弊端,我们着力针对特殊学校的功能结构进行调整升级,实现学校各部门职能的调整与拓展,促进从传统的只重视单一教育教学的学校系统有序地转换为适应全纳教育需求的特殊教育资源中心,发挥特教咨询、诊断评估、宣导培训、课程支持、巡回指导、考核评估、资源组织、特教研究等职能。

特殊学校整体功能结构的调整,是一场开拓性、创新性很强的工作管理模式变革。我们认为只有改变特殊教育资源中心附着在特殊教育学校的传统,把特殊教育学校与附设的特殊教育资源中心的行政权属进行互换,即把特殊学校直接变革为法人单位性质的区域特殊教育指导中心,附设特教实验学校,才能实现建立一个适应全纳教育需求的特殊教育资源中心的美好愿景。法人地位的翻转,便于更好地整合运用特教资源服务融合教育,为区域融合教育提供强有力的支撑保障。

区特殊教育资源中心在区域特殊教育发展中应发挥哪些职能呢?首先我们就要思考区域特殊教育资源中心是什么。双流区特殊教育资源中心不同于北京海淀区和上海长宁区独立建制的特殊教育指导中心,这两个资源中心均为完全独立新建。双流区特教资源中心是由原双流特殊教育学校整体功能结构升级调整后翻转而成的,由一个传统特校教学实验基地和各专业支持部门构成的特殊教育专业服务机构。

　　区域特殊教育资源中心的职能并不是凭空想象、讨论得来,而是需要相应的政策文件作为依据。为此,我们组织骨干教师大量查阅、解读相关政策文件,如《中华人民共和国残疾人教育条例》、第一、第二期特殊教育提升计划和党的十九大报告等国家重要报告、指导性政策文件中对教育及融合教育发展的明确要求。我们就政策文件中对特殊学校"提供特殊教育指导和支持服务"职责的明确要求做专题研讨。通过研讨,我们认识到特殊学校"提供特殊教育指导和支持服务"既是新时代国家对特殊学校提出的新要求,更是特殊学校作为区域特教发展的专业引领者和专业资源集中地不可推卸的责任担当。对此,我们在实践操作中首先对特殊教育学校的功能结构进行重新定位,并通过实践探索与专家论证不断厘清特殊教育学校翻转为资源中心后的功能结构,明确其发展目标与具体职能。

　　我们这样给区域特殊教育资源中心定位:区域特殊教育资源中心是沟通区域普通教育与特殊教育的桥梁,是区域特殊教育专业发展的代言人,是区教育局特殊教育发展规划的智囊团;是区域特殊需要儿童少年融入普通学校的通道,是集课程、教材、专业图书以及学具、教具、康复器材和辅助技术于一体的专业支持服务机构;它具有为特殊教育需求儿童提供咨询、个案管理、教育心理诊断、个别化教育计划、教学支持、学习辅导、补救教学、康复训练和教育效果评估等多种功能，其目的是满足具有显著个别差异儿童的特殊教育需求。在日常工作中，区域特殊教育资源中心要做好专业引领区域融合教育发展的顶层设计，包括纵向的对上行政协调、对下联动服务，横向的部门间、团队间的协作支持等。资源中心各部门通过"行政+专业"双线管理的模式，重新整合学校各个专业领域人员和资源进行区域整体服务。

通过课题研究、专家论证，我们认为区域特殊教育资源中心在区域特殊教育发展中主要应发挥特教咨询、宣导培训、巡回指导、考核评估、诊断评估、课程支持、资源组织、特教研究等八大职能。同时明确了特教资源中心服务对象的变化，由原特殊学校的师生、家长拓展到区域内普特教师、学生、家长及社会各界。

继承中创新的资源中心枢纽

在确定了双流区特殊教育资源中心的职能定位后，双流区特殊教育学校的开拓者们又开始了一轮新的研究，特殊教育学校怎样实现其华丽的转型，成为区域特殊教育资源中心呢？那就是从学校现有的部门入手，将学校各中层职能部门的功能重整、拓展、升级为能高效履职的区域特殊教育资源中心的职能部门。转型前学校职能部门主要有校长办公室（学校发展中心）、资源中心办公室（教师发展中心）、课程与教学处、德育处、安全处、总务室、教科室,这些部门在负责校内学生服务的基础上职能拓展为服务送教上门学生和随班就读学生。职能整合升级转型后,形成了中心主任室(原校长室)、中心办公室(原资源中心办公室)、课程支持中心(原课程与教学处)、适应性行为支持中心(原德育处)、无障碍与安全支持中心(原安全处)、资源组织与建设部(原总务处)、特教改革与研究部(教科室),新增了转衔支持部。

　　怎样保障双流区特殊教育资源中心日常工作中能高效履行区域特教咨询、宣导培训、巡回指导、考核评估、诊断评估、课程支持、资源组织、特教研究八大职能? 2017 年,我们面临学校转型为资源中心后,各行政部门职能拓展及相关部门人员班子组成的现实问题。对此,双流区特殊教育资源中心组织所有行政部门负责人与核心骨干教师就学校转型为资源中心后部门职能展开专题研讨。通过系列研讨进一步厘清了区域特殊教育资源中心各部门职能及有效运行的关键要素,包括部门角色定位与核心工作职责及有效履职的运作体系、管理规范及专业要求,支持团队专业发展规划与培训模块,层级联动支持平台的工作职责与协作支持,中心各部门的考核评估办法等。至此,双流区特殊教育资源中心在继承传统特校管理及职能的基础上搭建起了其区域特教资源枢纽的运作架构,为其高效运作夯实了基础。

　　在日常的运作中,双流区特殊教育资源中心主任室作为区域特殊教育资源中心的领路部门,是区域特教资源中心发展至何方的核心。主任室承担着中心发展的统筹规划重任,同时在区域特殊教育发展中还肩负区域特殊教育发展参谋、行政宣导、联系协调、咨询督导及整合资源等职能。双流区特殊教育资源中心主任室共有三人，分别是区教育局副局长、区教育局小教科科长和区特殊教育学校校长。双流区特殊教育资中心执行主任为主任室的核心成员之一，她在资源中心例行工作会上常讲："我们不再是只为特殊学校的一百多名孩子及家长服务，我们要打开眼界，站在区特殊教育发展的角度去思考、去谋划，要当好区教育局特殊教育发展的参谋，积极把握时代脉搏，解读各级政策文件，为我们制定区域特教发展规划找到政策支撑。"

双流区特殊教育资源中心主任室在担当区域特殊教育发展参谋方面，一是认真解读国家、省、市各级各部门下达的融合教育相关政策文件精神，结合区域实际和融合教育发展现况，提出区域融合教育发展规划与实施方案，拟定区域融合教育发展三至五年发展规划方案，提交区教育局审议。二是作为区域融合教育专业代言人就本区域贯彻落实国家特殊教育相关法律法规，如《中华人民共和国义务教育法》、《残疾人教育条例》、《"十三五"加快残疾人小康进程规划纲要》、特殊教育提升计划等，依法开展区域特殊教育工作，确保区域内各部门、各学校认真贯彻落实国家融合教育法律法规，如有关残疾儿童少年就近入学、生均公用经费、特殊教育师资建设等规定，保障每个残疾儿童享有法律给予的权益，提出区域融合教育法规及区域推进融合教育的规范性文件的专家建议稿。

区域特殊教育资源中心主任室在日常工作中还牵头整合

政府、专家、社会、网络等资源,不断完善区域融合教育政策体系、设施配置、经费预算、专业引进、课程开发、社会支持等工作,构建以区域融合教育互联网管理平台为载体的系列课程资源、个案评估数据资源等特色资源,以促进区域融合教育各项工作有序开展。

协调部门调度区域特教资源

双流区特殊教育资源中心办公室是中心的综合管理机构,是承上启下、沟通内外、协调左右的纽带。在日常工作中,资源中心办公室主要履行以下职责。

一是区域特殊教育资源中心内部人事管理。区域特殊教育资源中心办公室首先要做好资源中心内部教职工的人事管理,如职称评定、年度考核、评优选先等,以激励资源中心全体教职工的工作积极性,稳定师资队伍,确保资源中心日常工作有序开展。

二是区域融合教育师生信息管理,落实区域残疾学生一人一案。一个区域中特殊教育相关信息管理是开展好融合教育工作的前提。资源中心办公室对区域特殊教育的信息管理主要内容为融合教育学生与教师信息、设施设备等。每年4月资源中心会同区残联收集区域内未入学适龄残疾儿童基础信息,为5月残疾人专家委员开展区域残疾儿童教育诊断评估提供有效数据。每年9月资源中心办公室督导各融合教育学校对各学校二年级学生进行教育筛查,收集统计一年级持证的特殊儿童信息,统计各融合教育学生所在班级班科教师的相关信息。10月初,各融合教育学校向资源中心上报上面三组数据。资源中心再汇总整理相关数据,形成相应的数据库,为资源中心下阶段工作提供数据支撑。

三是提出区域融合教育工作详细设计。针对区域融合教育现况,结合国家、省、市、区级教育行政部门要求对区域融合教育工作进行学年部署安排,从常规工作、重点工作、特殊工作推进等方面提出详细的区域融合教育学年工作计划。

四是组织开展区域融合教育巡回辅导。巡回辅导是资源中心的重要职能之一,也是资源中心引领区域融合教育工作发展,发现问题、解决问题,为融合教育学校提供专业支持的重要途径。

五是协助教育局做好各校融合教育年度专项考核评估工作。为规范区域融合教育工作有序推进,促进区域各校融合教育质量不断提升,区教育局每年都要组织开展区域融合教育专项考核评估工作,该考核结果纳入各校年度目标考核中。在年度的区域融合教育考核中双流区特殊教育资源中心办公室积极协助拟定考核评估方案,组建考核评估小组,组织考核评估小组深入各评估点开展区域融合教育专项考核评估工作,汇总各校融合教育考核评估结果,形成区域融合教育年度考核评估报告,提出下阶段区域融合教育工作推进策略。

六是区域融合教育师资团队培养、家长培训、社区培训。为切实提升区域融合教育师资特教专业素养与技能,提高普特家长、社区融合教育理念及支持力,资源中心办公室成立了师培部、家长社区工作室。师培部根据区域融合教育师资队伍发展情况拟定三年融合教育师资培训方案，培训内容涉及行政管理、资源教师、融合教师等各级各类师资，并根据培训需求聘请国内外融合教育专家做系统性主题培训，着力提升区域融合教育师资专业技能。

七是搭建区域融合教育管理、交流平台。资源中心办公室立足区域融合教育发展现况，结合现代信息技术，实现区域融合教育管理现代化、高效化，搭建了区域融合教育互联网管理平台、区域融合教育网站、特教资源库等线上平台。同时还充分发挥传统媒介的交流功能，创办了区域特殊教育交流刊物《双流特教》，每年对区域内各学校融合教育工作开展特色与典型经验、融合教育优质课堂教学设计、融合教育课题研究、个案研究、融合教育叙事等文章进行收集整理后在《双流特教》上登载交流，并及时将《双流特教》下发到各学校。

全面建设普特学校融合心理氛围

双流区特殊教育资源中心适应行为支持中心作为由原特殊教育学校德育处升级转型后的新行政部门，除了要针对中心特殊教育附属实验学校履行原德育处的职能外，还应面对全区积极履行以下新职能。

一是通过各种有效途径促进区域特殊学生品德与行为发展和社会融合。积极组织开展班主任经验交流活动，提高班主任德育能力，促进班主任专业化发展。指导特殊教育学校教师及融合教育教师加强特殊儿童品德与行为发展研究，提高普特教师特殊儿童教育能力与情绪行为问题处理技能。针对区域特殊需要儿童少年情况组织开展各类专题教育活动，规范特殊需要学生行为规范、卫生安全等日常管理。加强区域融合教育社区实践基地建设，定期组织区域特殊需要儿童少年参加社区融合教育实践活动，提升特殊需要儿童少年的社会适应技能。加强普特校的交流合作，充分利用"爱耳日""国际助残日""国际儿童节""自闭症日"等组织开展区域融合教育大型活动，增进普特学生相互交流与了解，积极营造良好的区域融合教育氛围。

二是强化区域融合教育教师团队合作共进。要实现融合教育精准施教，资源教师的普特教专业整合力是致力攻关的核心问题。只有特教教师掌握了普教相关专业知识技能，才能担当起专业引领区域融合教育质量提升的责任，牵手普校教师共同参与，直接支持融合教育学生特需课程及通用课程学习。同时，只有普教教师具备基本的特教专业素养，才能主动参与，与特教教师共谋特殊需求学生学习质量提升、行为问题支持及相关服务，为特殊需求学生提供满足其特殊需要的教学和适宜的教育服务才会成为可能。因此，适应行为支持中心要以各类障碍学生的情绪行为问题介入为契机，引导普特教师通过主题活动、个案合作研究等引领各层级资源教师团队围绕主题，开展合作研究，达到共同提升。

三是开展区域融合教育各层级联动活动，促进学校、家庭、社区融合。多方支持下的社会融合是提升各类障碍学生获得成功的必经之路，适应行为支持中心要明确"家庭是基础，学校是专业主导，社区是发展归属"，积极引导"学校+家庭+社区"三者通过对话、活动紧密联系起来,为各类障碍学生成长营造一个良好的教育环境,促进区域内各障碍类别学生从生理和心理上真正融入学校、家庭和社区,积极参与社会生活,为生涯发展的后续阶段做好准备。

区域特殊教育资源中心适应行为支持中心引领的"学校+家庭+社区"的支持服务模式,主要针对各类障碍学生在校学习生活需要,包括改善学校无障碍环境、营造班级氛围、改善同伴关系、参与班级教学学校支持体系;针对各类障碍学生家庭生活需要,包括家庭教养、普特家长沟通交流、家庭社会活动参与、社会适应能力培养的家庭支持体系;针对各类障碍学生社区生活需要,包括了解社区、参与社区、融入社区的社区支持体系。在对"学校+家庭+社区"三者的支持过程中,适应行为支持中心是三者联系的纽带,要充分利用三者相互支持合作,与三者合力支持各类障碍学生。

深入打造融合课程支持系统

双流区特殊教育资源中心课程支持中心是全区特殊教育课程教育教学的专业支持部门,要根据区域特殊儿童安置及发展现况,就特殊儿童教育教学课程方面进行专业的管理与支持。

一是做好区域特殊学生教育诊断评估。特殊儿童教育诊断评估是课程规划、设计的基础。每年5月,区域特殊教育资源中心课程支持中心积极联系区残疾人联合会,确定区域未入学残疾儿童数据及基本信息,协同区残疾人教育专家委员会组织相关专业人员对适龄的未入学残疾儿童进行教育诊断评估,形成评估报告,针对每个残疾儿童的综合能力水平提出随班就读、特殊教育学校就读或送教上门三种形态的教育安置建议,并报教育局核实审批,让区域内每名适龄残疾儿童均能接受义务教育。另对区域有安置争议的特殊儿童协同区残疾人教育专家委员会适时组织专业人员开展教育诊断评估,形成评估报告,提出教育转衔安置建议,实现区域内残疾儿童少年动态安置,每个阶段均能获得适宜的教育安置与支持服务。

二是牵头对普特课程进行深入研究,根据普特学生发展规律,拟定出全人发展课程评价体系,积极与融合教育学校合作,根据融合教育学生的特殊需要,指导普校做好融合教育学生课程调整,以满足每名融合教育学生学习发展需要。

聚焦区域特殊教育改革与实践研究

特殊教育机制体制改革是新时代贯彻党的教育方针,进一步提高区域特殊教育质量,保障特殊儿童享有公平、优质教育服务的必然要求。双流区特殊教育资源中心特殊教育改革与研究部的主要工作职能为以下几点。

一是不断调查发现区域融合教育推动的重难点问题。特殊教育改革与研究部根据区域特殊教育发展的现实需求及国家、省、市、区对特殊教育事业的阶段性要求,定期或不定期地开展区域特教改革发展调研,为区域特殊教育(融合教育)政策制定提供信息依据及参考。

二是通过课题促进区域融合教育工作的完善、精进。首先,具有前瞻性地开展区域特殊教育(融合教育)重难点问题探究,为区域特殊教育事业发展规划建言献策。其次,努力突破特殊教育与普通教育的科研二元独立体系,积极探索建立普特学校合作的教育科研机制,让有特殊需求的儿童得到更多、更有效的学习发展机会。再次,开展区域特殊教育科研指导,以课题为载体,推动资源中心实验学校教师、融合教育学校资源室教师进一步深化普特教理念及专业知识,并运用于特需学生课程。

三是深度参与区域特殊教育项目改革工作,并运用科研方法就项目中的重难点问题提出建议参考。

四是深入了解特教实验校和各级普通学校开展融合教育过程中的困难阻碍,协助学校各部门就融合教育的顶层设计、制度管理、过程方法等提出建议。

建设良好的融合教育物理环境

特殊需要儿童进入学校接受融合教育的首要条件是要有安全的校园环境。无障碍与安全支持中心除了要加强资源中心附属特殊教育实验学校的无障碍环境建设,还要定期深入区域融合教育学校督导各校按标准建设校园无障碍设施设备,为每一名有需求的特殊儿童提供可到达校园任何区域、可参与校园所有活动的安全无障碍环境。

一是督导区域融合教育学校扎实开展针对身心障碍学生的安全隐患排查。区特殊教育资源中心无障碍与安全支持中心要拟定出各类障碍学生环境安全要求,下发各融合教育学校学习贯彻,并定期深入融合教育学校督导排查融合校园安全隐患。

二要做好区域特殊学生安全教育,提升区域特殊学生安全技能。特殊儿童因其特殊性其安全意识薄弱,严重缺乏自我保护意识与技能,因而无障碍与安全支持中心加强区域特殊学生安全教育是其工作的核心职责。只有通过理论及实践活动培养特殊学生的自我保护能力、学会自我保护、远离危险,才能从根本上减少和避免各类安全事故的发生。

区域特教资源组织与建设

双流区特殊教育资源中心资源组织与建设部的前身是特殊学校的总务处。在继续执行原总务处职责时,资源组织与建设部还拓展了两项职能。首先是根据区域特殊教育整体发展与运作需求进行设备配置,一是每学年要根据区域内特殊学生障碍类别提出配备相关教育、康复等设施设备的方案;二是定期对区域的特殊教育设施设备进行摸底,排查其使用情况,及时组织专业人员维护;三是根据各学校的需求对区域的大型特殊教育专业设施设备进行统一调配,以实现区域特殊教育设施设备资源物尽其用,发挥其最大功能。其次还根据身心障碍学生融合需求进行辅具适配,每年统计区域所有特殊需要学生辅具需求,并积极与区残联相关科室对接落实每个孩子的辅具适配情况。

"行政+专业"的联动服务体

2018 年 5 月,双流区特殊教育资源中心又迎来了一批 40 多人的教育同行莅临考察,他们是来自广东省特殊教育学校校长高级研修班的校长们。在深入特殊教育资源中心和二级资源教室考察后,很多校长问道:"特殊教育资源中心和其他普校都是同级的,你们是怎样发挥对普校融合教育的督导作用的呢?"双流区特殊教育资源中心回应:我们在日常督导工作中主要采用了"行政+专业"的双流管理模式。"行政+专业"是双流区特殊教育资源中心高效运作,引领区域融合教育工作优质推进的基本思路,且"行政+专业"的管理模式贯穿融合教育政策制定、任务落实、督导评估整个过程。区域特殊教育资源中心在发展过程中通过专业团队接受行政赋权形式,充分发挥行政管理职能和专业支持职能作用。其中,行政管理职能的发挥是优化资源中心运作的基础,专业支持职能的发挥是提升区域融合教育质量的关键点。

双流区特殊教育资源中心以特殊教育联席会议、残疾人教育专家委员会、融合教育集团为核心,构建起了区域融合教育联动服务体(见图 3-1)。其中,区域特殊教育联席会议由区政府分管副区长牵头,实行按时间节点、以任务驱动、亮成果报告、寻特教方略的基本会议制度,出台"保障类+指导类+实施类"等 10 余项政策文件,高效落实政府办好特殊教育的主体职责。残疾人教育专家委员会,由部门联动发文,通过"按计划、定时间、分任务、强过程、重考核"的全流程工作机制,将特教联席会议中形成的决议进一步细化落地,并对融合教育集团进行督导评估。

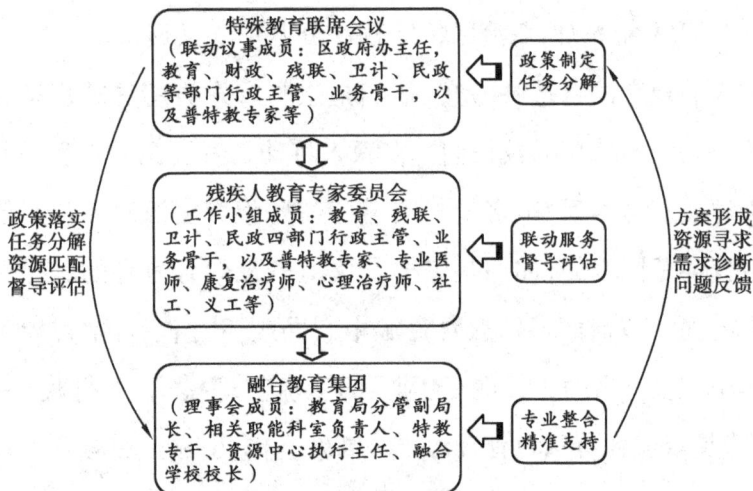

图 3-1　双流区融合教育联动服务体运行示意图

"行政+专业"是推动双流区融合教育工作持续发展的基础,保障了队伍的持续建设、工作质量的持续提高。

在专业团队接受行政赋权过程中,我们进行了行政职能优化,中心主任由具备行政推动力的区教育局副局长担任,确保行政推动力;资源中心接受行政赋权,对融合教育工作全过程进行考核评估,增强行政督导力。通过行政赋权的系列举措,区域融合教育工作发展更加迅速,管理更为便捷,在这一过程中,我们充分认识到专业团队的行政赋权是区域融合教育工作推进的重要保障。

在专业执行力上,资源中心设副主任 2 名,其中 1 名由具有丰富普通教学和管理经验的小教科科长担任,另 1 名由具有丰富特教教学和管理经验的特殊学校校长担任;资源中心办公室主任由 1 名特教专业背景扎实、普通教学巡回指导经验丰富的原特殊学校中层干部担任,确保了资源中心的专业引领力。同时,双流区特殊教育资源中心九大部门通过"行政+专业"双线管理的模式,重新整合中心各个部门职能、人员和资源分配,以实现全员开展区域整体服务。另外,区特殊教育资源中心因应需求,组建直面各类障碍学生的情绪行为干预、听力语言评估、听觉言语康复、语言治疗、心理辅导、学科补救等专业团队,确保了专业执行力。同时资源中心主要通过培训、共研、指导、信息沟通等四种途径,为融合教育学校提供专业技术支撑服务。在实施融合教育的普通学校,成立的校内"资源室",是资源中心为一线教师提供专业支撑的重要中介力量。资源中心根据开展专业支撑服务的需要,有选择地直接面向融合教育学生开展教育教学活动。

通过上述结构化的支撑网络,资源中心有能力、精力为区域每所随读学校提供专业支撑,灵活解决一线随班就读问题,并及时获得效果反馈,修正支撑重点,从而切实促进区域内大面积的融合教育质量提升。很多到双流考察学习特殊教育的团队对双流特殊教育能遍地开花、全员推进的做法给予充分肯定,他们一致认为"行政+专业"的双线管理模式是全域推进优质特殊教育的有效策略,是值得借鉴的宝贵经验。

三层级专业支持模式

双流在融合教育工作全域推进过程中,怎样解决特教专业资源不足的现实问题呢? 对此,双流区探索形成了"1+5+

N"融合教育模式，"1"是指双流区特殊教育资源中心，"5"是指早期开展融合教育实验的五所试点学校的二级资源教室，"N"是指在后期开展融合教育工作学校建立的三级资源教室。特殊教育资源中心以"1+5+N"模式为基础，构建了一、二、三级资源教室普特联动的专业整合力，直指随班就读学生学习质量提升支持策略的分级诊疗体系。

一级资源教室（即资源中心）同时发挥着行政管理职能和专业支持职能。其中，行政管理职能发挥是优化资源教室运作的基础，专业支持职能的发挥是资源教室提升随班就读学生学习质量的关键点。

二级资源教室是区域内发展较早、专业能力较强、运作较完备的资源教室，具有片区示范引领作用，承担着对片区三级资源教室的服务职责，具体包含巡回指导、问题咨询、交流研讨等。另外，二级资源教室要不断创新，优化管理与运作，资源教师要加强自身专业学习，提高资源整合能力，向一级资源教室靠拢，形成专业整合团队，提高专业凝聚力，以应对二级资源教室的工作角色。

三级资源教室作为区域的主体，承担着最大数量的随班就读学生直接服务，需要在资源教室规范运作的同时谋求自身的发展与定位，创建资源教室特色，积极向二级靠拢，形成专业合力，共同提高自身专业能力，共同提升随班就读学生学习质量，积极整合专业资源，遇到棘手的问题时一定要第一时间整合专家队伍，合力提高随班就读学生学习质量。

一、二、三级资源教室分布在区域义务教育阶段的各个学校,三个层级资源教室又各自承担不同职能。怎样实现区域随班就读工作各层级目标清晰、责任明确、指令畅通、监控实时、反馈快捷呢?

双流区特殊教育资源中心为优化管理机制,降低工作成本,提高工作效率,通过需求分析、系统开发、调试运用等方式探索形成区域互联网管理与应用共享平台,在优化了三级资源教室职能的基础上,形成了三级联动的资源教室深化构建专业合作路径,主要包括三级管理实现团队合作,精准服务实现普特专业整合。

一级资源教室通过行政管理和普特专业整合精准服务两条路径实现对二级、三级资源教室的管理和专业引领。行政管理上,通过互联网管理、协调会议和考核评估实现区域资源教室层级管理,强化队伍建设,整体推进资源教室工作。精准服务体现在个案服务、资源教室课程建设和随班就读学生学习质量考核的精准服务同时促进团队建设,联合二级或三级资源教室优化个案服务,共同探索课程建设等方面。二级资源教室通过片区管理和专业整合体现层级管理和精准服务,三级资源教室直接通过精准服务实现专业建设。三个层级之间既有分工又有合作,紧密配合,强化层级管理,精准服务随班就读学生。

常规巡回辅导与预约巡回辅导

巡回辅导是指特殊教育资源中心组织相关的专业人员深入融合教育学校开展融合教育宣导,对学校的融合教育工作进行督促与指导,提供相关的支持,帮助普校解决融合教育推进中的难题。常规与预约巡回辅导是双流区特殊教育资源中心的两种巡回辅导方式。常规巡回辅导是指双流区特殊教育资源中心每学期初组织特殊教育专家、区域特殊教育骨干教师及普校融合教育骨干资源教师组成巡回辅导组,定期深入区域各融合教育学校就资源教室建设、特殊儿童个别化教育计划拟定、资源教室课程、融合教育课堂教学等融合教育日常工作进行辅导,以规范并促进各校融合教育工作有序推进。预约巡回辅导是指各融合教育学校根据自身需求通过网络、电话等平台向区特殊教育资源中心提出辅导申请,区特殊教育资源中心根据融合教育学校需求组织相关专业人员入校给予辅导。

特教学校的辅导老师

2018 年 3 月 1 日开学的第二天,双流区特殊教育资源中心办公室融合教育巡回辅导组的核心教师们齐聚在会议室,就本期的区域融合教育巡回辅导工作展开了专题研讨。会上,参会人员对本期常规巡回辅导的人员、片区、时间、目标任务等进行了研讨,经过两个多小时的讨论,制订了《双流区特殊教育资源中心 2017—2018 学年下期融合教育巡回辅导表》,辅导组组长将其上传到了融合教育群里,让每个融合学校都能及时知道并接受巡回辅导的相关安排。

"叮铃铃",周二一早资源中心巡回辅导梁老师的电话在她刚到办公室时就响了起来,梁老师看是西航港实验小学资源教师唐老师的电话,连忙接电话,话筒里传来了唐老师焦急的声音:"梁老师,我校5年级自闭症孩子天天最近不知是怎么回事,他上课时总发脾气,推倒桌椅,大喊大叫,老师说他还要与老师对打,给同学们和任课教师造成了很大的困扰。我们资源教师想了很多办法都没有改变,你下周能来我校指导一下吗? 我们想让天天能同以前一样参与课堂活动。"梁老师查看了一下这两周的巡回辅导安排,回到:"我下周三下午来,你把天天近段时间的行为表现再梳理一下,然后发给我。"接下来,梁老师会同巡回辅导小组的段老师讨论了唐老师描述的天天近段时间在校行为表现与天天家长描述的天天在家行为表现,拟订了到校辅导的初步方案,并及时提交资源中心办公室审核。最后,梁老师和段老师再约定时间深入学校,组织主管校长、资源教师及家长开展天天的巡回辅导服务,三方合力对天天的情绪行为问题进行评量及正向支持。

普校战线的特教专家

　　区特殊教育资源中心二级资源教师曾敏根据个人专业发展规划方向,结合全区提出随班就读学生学习质量整体提升目标,要求强化二级资源教室片区专业服务能力,分片包干,全过程督导。因此,一级资源教室多次组织省内外专家到校问诊,针对片区资源教师人数不足、随读工作质量参差不齐等问题，开展针对性培训与片区管理实作指导。通过系统培训与指导，曾老师牵头专业辅导片区，融合氛围开始转变、资源教师工作积极性增强、资源教室针对随班就读学生专业服务效能提升。

2016 年 1 月，二级资源教室里的曾老师针对该片区新建学校多、资源教师流动性大、随班就读工作质量整体水平不高等问题，向区特殊教育资源中心申请，请求专家团队介入，参与该片区随班就读质量提升管理。区特殊教育资源中心接案后，立即邀请专家会商，制订了该片区随读质量提升的具体方案，与曾老师达成一致意见，一方面每周进行信息通报，定期与资源中心讨论，提出每一步行进策略，资源中心实时组织该片区资源教师团队巡回指导片区薄弱学校，帮助其制订整改计划，并提供团队协作支持；另一方面，曾老师与片区内三级资源教室达成一致意见，每周召开片区工作协调会，讨论每月工作行动计划、片区联动服务机制，进行应急针对培训及个案研究，强化二级与三级的合作机制，提升片区整体质量。

曾老师的工作受到片区资源教师、随班就读学生家长、学校行政的高度肯定，大家纷纷称赞她为"普教战线上的特教专家"。曾老师也说："8 年来，我服务了本校及片区 60 多名随班就读学生，看到他们在校学习生活的参与度、社交融洽度和整体满意度一天天提升,随班就读学生及家长脸上露出的满意微笑,一切苦和累都是值得的。"

多年教学实践与探索,让曾老师在历练中成长,具备了较强的普特教课程整合能力,2018 年,曾老师取得了西南大学特殊教育在职研究生毕业证书,成为了我区随班就读学校第一名在职特教专业研究生。

调整教师考核评价办法

随着双流特殊学校升级为区特殊教育资源中心,越来越多的教师作为区域资源教师、巡回教师参与区域融合教育工作中,此时原教师绩效考核评估方案便不能适用于这部分教师。在一年一度的全体教职工绩效考核方案大讨论时,专职资源中心教师梁老师问:"我没有在实验学校担任教学任务,也没有担任班主任,我的教育教学和德育工作这两个板块怎么考核呢?"梁老师的话反映出原有的绩效考核方案的局限,对原有考核评价方案的调整修改已势在必行。

本着公平公正原则,组织资源教师、巡回教师及中心实验学校的教师就中心资源教师、巡回教师的绩效考核问题开展专项讨论,大家一致认为,在对原有教师绩效考核方案进行必要的修改的基础上,要制订针对专职资源教师和兼职巡回教师的考核评估细则,最后拟定出《双流区特殊教育资源中心融合教育支持教师考核评估细则》,并提交教职工大会讨论通

过。本考核细则从考核组织机构、考核要求、考核形式、考核
结果应用等做了明确的说明。至 2016 年开始，在每期期末教
师继续考核时专职资源教师与兼职巡回教师都会将自己的融
合教育支持设计、融合教育支持记录及融合教育支持中的图
文资料交到指定地点，由第三方具有丰富融合教育经验的高
校专家和基础实践专家共同考核。考核中，专家就不明白的
地方及时询问相关人员，并就考核中发现的问题提出指导意
见，以确保考核的公平与实效。第三方专家的考核分数出来
后，考核小组会根据考核细则中要求将各专职资源教师和兼
职巡回教师的考核结果对应到相应板块，算出他们的最终绩
效考核得分。

　　《双流区特殊教育资源中心融合教育支持教师考核评估
细则》作为双流区特殊教育资源中心教师考核的补充，有效解
决了中心专职资源教师与兼职巡回辅导教师考核评估的
尴尬。

第四章　融合教育专业内生力提升的新引擎

教师徘徊在专业发展的十字路口

国家《第二期特殊教育提升计划（2017—2020 年）》明确提出"建立一支数量充足、结构合理、素质优良、富有爱心的特教教师队伍"。师资无疑是融合教育发展的最重要因素，如何培养适应融合教育发展的师资成为区域融合教育发展不得不思考的问题。

随着双流区特殊教育事业的持续推进，特殊教育学校职能转变为区域特殊教育资源中心是我区特殊教育发展的必然趋势，在特殊教育资源中心附设特殊教育实验学校也成了必然趋势。在这样的时代背景下，势必有一部分特教教师将成为区域特教资源中心工作的主力人员，从事区域融合教育高位引领、巡回指导、融合教育科研等工作；有一部分教师将继续从事资源中心附设特殊教育实验学校的教育教学和班级管理工作，同时针对重度障碍的学生开展有针对性的教育研究，特别是相关康复技能训练，从而满足区域融合教育学生的康复训练需要。

区域融合教育的发展从机构体制的构建转向全面提升融

合学生的学习质量,对融合教育学校资源室教师和融合班级教师提出了更高的要求。资源室教师承担着融合学生发展资源联络体、创建良好的学校融合教育氛围的任务。同时,还要指导本校融合班级教师的教育教学调整、班级管理,指导融合学生家长如何给予学生支持以及如何为学生提供康复训练。这就需要资源室教师具有良好的沟通管理能力、资源整合力、普特专业整合力;融合班级教师不仅要在班级中给予融合学生帮助和关心,还要针对融合学生的特点进行学科课程教学调整、班级良好融合氛围营造,参与制订执行融合学生的个别化教育计划。

中心教师的徘徊:我该何去何从?

　　中心教师文文,在学校担任德育处副主任,已经是市级优秀的年轻班主任,获省级特殊教育赛课一等奖,参与区域特殊教育学科成员组工作。作为一名中层干部,文文很清楚在学校转型为特教资源中心的大背景下,原来的特教老师工作已经不再局限于学校内。选择继续从事特教学校的教育教学和管理工作,继续学习特殊教育专业知识和技能,还是迎接挑战,学习融合教育相关知识和工作方法,成为一名区域融合教育工作的推动者? 文文最近很困惑。一方面她怕自己干不好融合教育工作,另一方面她又想适应时代需求,尝试新的工作角色。究竟该何去何从?

融合教师的徘徊：资源室教师的选择

敏敏是区域内专业性较强、业务能力较好的一名兼职资源室教师。最近学校领导找到敏敏并告诉她,学校希望有一名专职的资源室教师,希望她能够考虑考虑。敏敏老师有些担心,如果是一名专职资源室教师,自己的专业知识和技能不足以承担资源室工作,特别是资源室工作中整合资源,协调融合教师工作。目前自己在兼职资源室教师的同时还担任融合班级课程,觉得很不错。但是在资源室的工作中又常常觉得时间不够。现在领导给的选择真是个艰难的选择啊!

在师资需求专业化的时代大背景下,对特教教师的要求越来越高,如何成为满足多元需求的全面专业性人才已经远远超出教师的专业学习能力,从事特殊教育的教师们徘徊在专业发展的十字路口上。成为特殊教育课堂教学与班级管理的专家型教师,还是成为精通康复训练的康复型教师,抑或是成为中心巡回指导教师? 成为区域特殊教育发展的高位引领者,还是成为融合教育学校中专业知识与专业技能精进的资源室教师,抑或是成为融合教育班级教学教师?

面对教师们在十字路口的徘徊,已经转型的区域特殊教育资源中心,必须通过专业引领和顶层设计,引领教师们选择适合自己的特殊教育专业发展道路,成为融合教育专业内生力提升的新引擎。

"蜗牛学苑"是资源中心教师成长的孵化园

中心教师的困惑：

迫切需要学习的丹丹老师

　　丹丹老师是进入特教校培智部工作 3 年的老师。3 年里，丹丹老师通过"师父带徒弟""新教师晒课磨课""班主任工作"等方式具备了特殊教育教师的教育教学基本能力和班级管理能力。最近，她开始关注班上的自闭症孩子月月，月月常常离座，稍不如意就会发脾气，发脾气时会掐搯老师和同学，其他学生家长意见很大。丹丹老师查阅了很多书籍，找了许多网络资料，想了很多办法仍然不能有效地处理月月的情绪行为问题。通过了解，丹丹老师发现学校里还有很多具有情绪行为问题的孩子，她希望能够学习一些情绪行为处理的方法，但她不知道该怎么做，该从哪里学习，希望得到中心的帮助。

李老师的专业选择

　　李老师是一位有着 15 年特殊教育教学经历的老师，在各级特殊教育赛课活动中多次获奖并被评为市级优秀班主任。5 年前，李老师的工作不再限于特殊学校的班级教学，她开始参与全区融合教育巡回指导和融合教育科研工作；2 年前，学校调整了李老师的工作重心，由特殊教育班级教学转到融合教育工作。与融合教育教师的长期接触中，李老师发现融合教育教师的普教经验是非常丰富的，但特教知识和特教技能需要得到大幅度的提升。同时，李老师常常不知道该用什么方式对融合教育学校资源室教师和融合教育教师进行指导，在工作中常常疏漏一些重要的事项。欠缺普教知识，一味地谈特教也会让融合教育教师反感。李老师觉得巡回指导工作越来越困难了。

面临特殊教育学校转型为特教资源中心，中心的老师渐渐发现既要进行特殊教育学科教学和班级管理，又要参与融合教育研究与指导，专业知识和技能明显不够。教师的分流是必然现象。如何有效分流，促进教师的专业性，是中心教师发展支持部面临的重大难题；如何对教师进行阶梯式提升，提供个性化专业性发展服务更是难上加难。通过多年探索，中心建立了"蜗牛学苑"，形成了中心教师"星级培训"方案。

首先，资源中心对教师进行了调查访谈，了解中心教师的专业发展规划现状。调查结果显示，大部分老师对自己的专业发展有明确规划，知道自己需要学习的第二专业方向，需要学习的课程和学习形式，老师们比较明确的几个发展方面有语言治疗、动作治疗、艺术治疗、情绪与行为干预；然而部分老师对自己的第二专业发展比较迷茫，对专业的理解不深，对具体要学习什么课程不是很了解，如作业治疗、蒙台梭利教育、职业重建等。在融合教育发展中自己的角色和定位上，已有部分老师积极从事融合教育的推动工作，很多老师对融合教育工作有一定了解,但是不知道如何从事融合教育工作;教育科研上,部分老师明确提到这方面的发展需要,还有部分老师没有意识到当前科研工作对特殊教育的促进作用。

根据教师专业发展规划及特教学校转型为资源中心的需要,教师发展支持部制订了中心教师星级发展标准。中心教师根据星级发展标准自主定位对应星级,中心组织对其进行考核确定中心教师星级。教师根据星级发展课程设置,参与对应课程学习,从而星级提升。通过一、二星级教师培训,提高教师特殊教育职业道德水平,强化教师专业知识技能,促进提高中心附属实验校课堂教学、班级管理能力,初步了解第二专业及特教科研常识,为实验校发展提供专业教师。通过三、四星级教师培训,实验校教师在具有较强专业技能前提下,由了解过渡到逐步参与并深入到融合教育学校,为区域融合教育支持服务。通过五星级教师培训,培养适应整个区域特殊教育发展的专业教师,站在区域角度,促进区域特殊教育发展。

星级发展课程需要为中心教师提供大量的专家资源和研修时间。中心采用"走出去请进来""草根针对性培训+周五集中研修"的方式,为中心教师提供多元多时段培训。"走出去"的中心教师一方面针对自己的专业特长学习专家的专业理论和做法,在教学实践中运用理论;另一方面在每周二、周三、周四的"人人研修"主题培训中为其他教师分享实践成果。"请进来"是指请高校和一线实践的专家到中心分享专业知识,一方面请进有实践经验的专家,以工作坊方式,"理论学习—实践操作—分享点评—再实践"的学习流程培训,巩固教师的专业技能,特别是具有操作性的第二专业(康复专业)的学习;另一方面请进省级特教专家,每周二定时到中心,指导中心教师教育教学、巡回指导、特教科研工作,针对教师发展中的阶段性问题及时提出建议;每周五下午全校开展通识性培训。在每周的"人人研修"中,由教师发展支持部根据各星级教师的特点,平衡选择星级发展课程;由相关专业方向的教师积极申报星级课程主讲,从而满足星级教师的需求。

经过几年,丹丹老师外出学习情绪行为干预相关理论和实操共计6次,在台湾专家工作坊式的带领下,已经能够处理学生常见的情绪行为问题。由于丹丹老师率先学习情绪行为问题干预方法,学校成立了以丹丹为代表的项目组,由6名教师组成情绪行为研修项目组,定期开展研修活动。近期,台湾东华大学林坤燦教授带领情绪行为项目组,开展了融合教育情境中情绪行为问题干预的实践探索。丹丹老师从学习情绪行为干预到服务中心,再到服务区域融合教育,正是体现了中心的转型路径。而这样的项目组还有7个。

通过多形式的培训方式,一方面培养出适应特殊教育实验学校发展需要的具备专业教育教学技能和第二康复技能的专业教师;另一方面培养出适应区域融合教育发展,满足特殊教育资源中心服务职能要求的融合教师,从而形成双流特教教师的阶梯化发展,为整个区域特殊教育的发展培养良好的师资队伍,促进区域特殊教育的发展。

区域融合教育教师阶梯化成长的锦囊妙计

融合教师的困惑：

焦头烂额的胡老师

胡老师是双流区一所农村小学的资源室教师，他从事资源室工作已经 8 年了。胡老师今年新接手了 3 名听障融合学生和 1 名脑瘫融合学生。在与班级教师沟通时发现，有 1 名听障生的班主任老师并不支持听障生在普通班级就读，不愿意为听障生调整座位、课程。多次沟通仍不能改变这名班主任教师的想法。脑瘫学生的学科老师主动找到胡老师，想要学习智障学生的学科调整的具体方法，但胡老师深觉无法给予帮助。还没解决这些问题，又有 1 名听障生的家长来寻求帮助了。胡老师最近有些焦头烂额。

"我不想干融合教育了"

高老师是一名普通初中的数学教师，兼任班主任。这学期，班上来了 1 名有智力障碍的学生凯凯。起初，资源室曾老师要求高老师一起为凯凯制订个别化教育计划，对于这个特殊教育的专业名词，高老师很陌生，有些不想干了。后来，曾老师在融合教育教研活动中为融合班级教师分享课程教学调整，高老师觉得为一个融合学生花这么多时间有些不划算,而且课程教学调整实在是太麻烦。当曾老师提出要进行考试调整时,高老师终于忍不住了,找了校领导,表示自己"真的不想干融合教育了"。

作为资源室教师的胡老师和作为融合教育班级教学教师的高老师,面临的困惑正是区域融合教育发展面临的最主要问题。融合教育的主阵地在融合教育学校,融合学校资源室教师和融合教育班级教师的师资水平直接影响普通学校融合教育的质量,怎样培养普特专业高度整合的融合师资是区域融合教育发展的关键。委托外包机构对融合教育师资进行培训,还是委托研培中心进行师资培训?外包机构不了解区域融合教育发展特点,只能开展专家讲座式培训,研培中心只有1名特教研培员,没有足够的人力进行培训。那么,融合教育师资培训的重担便落在了资源中心。资源中心在教育局行政赋权下,建立了区域融合教育师资培训基地。

区域融合教育师资培训基地整合区域特殊教育优质教育培训资源,本着"以人为本、发展特教、服务社会"的理念,围绕特殊教育发展的中心任务,开展中心教师、融合教育学校领导、资源室教师的培训工作,努力为学员开阔视野、拓展思维、增长知识、提高能力、更好地履行岗位职责服务,努力为区域融合教育师资力量的提升和特殊教育的发展服务。

师培基地由资源中心骨干教师团队负责,通过巡回指导发现融合教育教师对专业知识技能的需求。由教育局授权,行政要求融合教育学校教师选派资源室教师、行政领导、融合教育班级教师参与系统性培训,资源中心师培基地组织培训,并对参培学校融合教师进行考核,从而提升融合教育师资专业素养。

作为区域融合教育发展指挥所,我们也希望有能够直接上岗,熟练运用多种康复方法且在各个融合教育学校工作的资源室教师,但这仅仅是美好的愿望。融合教育的师资培训并不只是简单的集中式培训,培训的目的是让融合教育教师能够将所学知识运用于融合教育工作中。一方面让融合教育学校教师具有融合教育的理念,另一方面让融合教育教师具有融合教育的专业知识和技能。融合教育学校中有行政领导、资源室教师、融合教育班级教师,每类教师的培训内容和培训方式是不同的。经过区域融合教育教师师资培训的多年探索,形成了区域融合教师专业成长的锦囊妙计。

发挥融合教育师培基地职能,形成系统菜单式课程培训

融合教育师培基地基于融合教育不同师资群体的职责角色,为不同的师资群体设计出不同的培训课程,在师资培训中实现"分类分层教学"。主要是形成了区域融合教师系统培训课程,包含《资源教室运作流程》《融合教育现场行动学》《融合教育通用教学设计》《融合教育中的专业整合机制》《资源教室课程建设与实施》和《随读生学习质量评估》等课程模块,授课专家主要包含台湾地区特教专家、大陆地区普特教专家、区域草根专家、教康实践骨干教师等。

"集中培训+层级研讨+自主研修"的培训模式,满足集体和个体培训需求

"集中培训"是指由资源中心组织,每学期至少开展 2 次融合教育教师培训。培训包括专家讲座式培训、融合教师经验分享、实地观摩和借生上课等。在专家讲座式培训中,我们将融合教育教师按片区分组,由片区二级资源室负责组织该片区融合教育教师进行培训中研讨、总结。在集中培训中常常穿插融合教育教师经验分享,让全区融合教育教师学习好的做法。同时,我们依托中心附属特殊教育实验学校,开展了实地观摩特教技巧,由附属特殊教育实验学校校优秀骨干教师上示范课,融合教育教师"眼见为实"地了解特殊儿童心理特点、教师常用的教育技巧、个别化训练方法等。这些措施有利于融合教育教师在实际中领会、深化理论。我们也让融合教育教师到附属实验学校借生上课直观体验,包括借班上课和借生试手。借班上课是融合教育教师到附属特殊教育实验学校借班上研讨课,在特殊儿童教学真实情境与实践操作中习得教育教学技巧,也为其他参会教师提供了学习、借鉴、研讨的平台。借生试手是我们将参培教师分为 2 人 1 组,每组指派 1 名特教学校学生,资源中心根据各学生学习进度,为每组教师指定"现场教学任务",并要求在规定时间内完成。

案例:培训现场小片段

在双流区小学特殊教育(聋生数学)研培活动中,特教实验学校高一的一堂《认识角》,聋孩子们积

极探索，师生默契配合，打动了在座的普通学校的每一位老师。到了分组体验的环节，参培老师先分析教材，然后深入各小组辅导学生学习。陈××，女，10岁，聋生，三年级学生。老师将辅导她认识直角、锐角、钝角。普校的2位老师使出了十八般武艺，仍存在手语交流困难、书面语学生识字量不足的困难。老师连比带画，取出三角板，用直角去量，告诉学生这就是"直角"，学生基本明白了。而学生不认识"锐""钝"两个字，问老师"这是什么字"，一位老师不知道在问什么，另一位老师猜到了，连忙注上拼音，学生马上用手指语拼出来，两位老师也没有看明白手指语。老师继续用三角板的直角去量，告诉她比"直角"小的就是"锐角"，比"直角"大的就是"钝角"。就这样在比划中教学，在揣摩中会意，两位教师额上汗粒如豆。

活动结束时，老师们发表了自己的看法：听力残疾学生与健全学生最明显的差异不在于智力水平，而在于学习路径；聋校老师与普校老师最大的不同在于，他们不仅要有丰富的专业知识和业务素质，还必须有相当的教育教学技巧。而这些特别的路径、技巧都是我们在教育随班就读聋孩子时应当吸取的。

这个案例发生在全区的融合教育师资培训会上，也是资源中心在培训方式上的一次创新。百闻不如一见，百见不如一做。通过直接面对特殊儿童，在情境中、操作中了解特殊儿童心理特点，提高特殊儿童教育教学技巧，融合教育教师更深刻地领会了融合教育教学工作的不易。参培老师们的会后反馈明显地反映出对"教学做合一"培训方式的认同。

层级研讨是分三层级进行针对性研讨和层级联动研讨。分层级研讨是指由各层级进行自主研讨，如一级资源教室根据自身特点开展定期的针对性研讨；二级资源教室根据片区发展及二级资源教室职能、专业引领等方面进行研讨；三级资源教室由资源室教师组织本校融合教育教师根据融合教育工作中出现的问题开展的相关研讨。层级联动研讨是指采用聘请本土专家为区域常驻专家，定点支持服务方式，率先强化一级资源教室专业团队建设，通过细分项目组及包片区服务等形式针对特定领域进行系统学习、持续跟进实践，提升团队专业服务力，逐步拓展到把二级资源教室的教师团队纳入服务全区域的特教中心组成员，通过联动教研，定期研讨学习，共同攻破疑难问题。二级资源教室根据片区需求，组织片区三级资源教室融合教师开展研讨，形成三层级联动的内生力强大的资源教师团队。

自主研修是由融合教育教师自主进行的研修，包括专业书籍的阅读、外出参加融合教育相关培训、自主特教专业学历提升等。

"导师制"专业研训模式,促进融合教育师资康复专业技能发展

我区融合教育学生有轻度智障、脑瘫、轻度自闭症、情绪障碍、行为问题、言语沟通困难等多种类型。融合教育学生障碍类型的不同,直接决定了融合教育教师个人需求的差异性。因此,资源中心基于各师资群体专业要求(共性要求)培训,从融合教育教师个人发展的角度出发,开展了"导师制"专业技能研训,提升融合教育教师研训技能。由资源中心引进特教各领域专家,在中心组成项目组,发展教师第二康复专业,如情绪行为处理、社交沟通训练、言语康复、音乐治疗、动作治疗等。同时,由各融合教育学校融合教师自主选择第二专业发展方向,加入中心项目组。项目组导师在为项目组成员讲解该项目相关理论后,要求中心教师和融合教师各选择一名个案,通过个案的定期服务、定期汇报研讨、专家点评指导的方式,促进融合教育师资康复技能的发展。

基于个案需求,形成了"1+1+1+1"结对的新型专业成长模式,即1个区级资源中心(一级资源教室)巡回指导教师、1个融合教育学校资源室教师和1个融合教育班级教师共同跟踪1个随班就读学生个案的工作机制。从个案的评估、个别化课程的设计与实施、课程评量着手,共同探讨提升随班就读学生学习质量的方法、途径及策略,在普校学科教学知识技能与特校教康整合专业知识技能的碰撞中提升教师团队的普特教专业整合能力,进而提升为服务随班就读学生的教康专业

支持能力。

培训管理规范要求,强化评估修正

　　教育局、研培中心、资源中心联合开展全区随班就读师资培训。所有培训通知均由区教育局下发,教育科作为教育局随班就读业务的主管部门全程督促;研培中心作为教师在职培训管理部门,发放学时证明;资源中心作为随班就读师资培训策划者,具体组织培训工作;培训学时计入教师继续教育学时,义务阶段各随班就读学校校长每学年须接受不低于 4 学时的随班就读专题培训(均为必修学时);随班就读班级教师每学年须接受不低于 12 学时的随班就读专题培训,其中必修内容为 10 学时,选修内容 2 学时;资源室教师每学年须接受不低于 16 学时的随班就读专题培训,其中必修内容 12 学时,选修 4 学时;巡回指导教师每学年须接受不低于 24 学时的随班就读专题培训,其中必修内容为 12 学时,选修内容达到 12学时。各校教师参培情况纳入学校随班就读工作评估范畴。每次培训结束后,资源中心收集参培人员培训效果评价与意见反馈表,用于下次培训改进,参培教师负责回校做好本校的二级培训工作。

　　融合教育教师胡老师作为片区二级资源教室的资源教师负责人,参与了区特教中心组织的动作治疗康复组,在上学期的集中培训中学习了"融合教育课堂教学调整"。同时,在层级研讨中,通过个案分析,与片区成员和一级资源室教师共同学习。胡老师通过专业引领和共同探讨的方式学习,并指导本校融合班级教师进行融合教育课堂教学调整;在资源室康复训练中对脑瘫学生帅帅进行康复训练并指导家长在家对帅帅进行训练。胡老师感觉在融合教育工作中的自信又回来了!

看着这样的胡老师,我们深切感受到,融合教育教师的专业成长需要资源中心的专业引领,而多方式、课程化、实践性的培训模式,是促进融合教育教师专业成长的最重要的方式。

第五章　专业整合的融合学校适性支持

探寻医教结合的新路子

先进的特殊教育要包含医学等相关服务，试想：一个重度脑瘫学生坐着轮椅进入学校，他不能自主控制姿势，说话缓慢且不清楚，难道仅仅依靠特教教师给他提供全方位的专业支持吗？在西方特殊教育发展史上，医学是特殊教育的重要相关领域，特殊教育专业一直是多领域人员共同参与、医教结合、多学科合作的实践探索。如美国采取跨专业的"相关服务"提升特殊教育整体发展水平，其中重点包括了诸多医学项目，比如诊断性和评估性医疗服务、听力学、言语治疗、物理治疗、作业治疗、心理治疗等。我国特殊教育发展历史较短，在发展过程中一直缺少医学的深度融入，且医疗卫生和教育等领域管理机制彼此相对封闭，这就影响了特殊教育进一步发展。医教结合新探索正是对我国特殊教育现状和问题的回应，在探讨我国特殊教育改革与发展时，应该坚持特殊教育综合学科的定位，坚持教育为主、医教结合、多学科合作的属性，坚持构建综合性的特殊教育学科体系和包容性的支持服务体系。在医教结合的道路上，我们任重道远。

巧打感情牌,建立医教合作契机

早期,特殊教育作为一个相对封闭独立的专业领域,医疗和教育结合较少,在教育人心中,医学是"高大上"的高精尖技术,医生们常常是整装待发的忙碌状态,怎样让他们和特教教师们一起关注、研究、支持特殊儿童这个群体?这一直是我们在思考的问题。2016年8月,年轻的区中医院脑外科黄医生作为志愿者来到双流区特殊教育学校,他是特殊教育学校的教师家属,在校长的嘱托下、妻子的期许中进行了《双流医教结合模式初探》的专业分享交流。黄医生谈到:随着急救技术逐步成熟,未来的康复医疗将迅速发展,康复不仅是生理的康复,更重要的是社会参与,让身心障碍者获得有尊严的生活,这与特殊教育生涯发展的理念不谋而合。未来无论是医疗康复还是特殊教育都将应该以提升"个性化服务品质"为宗旨,需要整合资源提供连续服务体。这次分享交流让我们特教人更有信心,尽管术业有专攻,医教也有共通处,医教合作定会为特殊儿童教育康复品质提升强势助力。

政策宣导,搭建医教对话平台

2017年5月1日正式出台的《残疾人教育条例》第二十条规定了县级人民政府教育行政部门应当会同卫生行政部门、民政部门、残疾人联合会,建立由教育、心理、康复、社会工作等方面专家组成的残疾人教育专家委员会,这为地区医教合作提供了政策支持。2018年1月18日,双流区在融合教育年会上正式宣布残疾人专家委员会成立,并向各领域专家颁发聘书;4 月 11 日,双流区残疾人专家委员会第一次召开,围绕"协调各方资源形成身心障碍儿童诊断评估安置服务机制"的工作会议,卫计、残联、教育等部门专家代表们分别表达了对专家委员会工作职能、各部门角色、合作策略等的专业看法。区卫计局强调医疗评估一定要在整个评估最前端;区中医院区康复科主任医师表示康复一定要求在专业医生指导下进行机构康复、学校康复或家庭康复;区中医院儿科主任医师强调儿保科专业测评医师需进修取得相应测评资格证,并加大精神测评工具配置;残联康复站负责人也强调残疾学生统计、办证、专业人员协调方面需要进一步整合资源;教育局负责人表示在特殊学生安置上需要整合卫生、残联等部门在专业支持下做好科学服务。在残疾人专家委员会召开过程中,大家意识到搭建医教合作平台的重要性,只有通过资源链接整合才能真正为残疾儿童及家庭提供更好的支持服务。

建立刚性与人情味的工作机制

《残疾人教育条例》明确规定:"教育行政部门应当委托残疾人教育专家委员会对残疾儿童、少年的身体状况、接受教育的能力和适应学校学习生活的能力进行评估并提出入学、转学建议。"双流区以教育、残联、卫健委、民政四部门为主联合创建区域一体化医教结合服务机制,通过跨部门、跨专业协商,为医教合作、教康整合、社会联动提供保障。从机构性质上看,专家委员会既是行政委托也是社会协助,专家委员会的宗旨是行政赋权提供区域残疾儿童少年评估安置康复服务，其工作形式是以跨部门的议事机制开展。双流区残疾人教育专家委员会职能包括：医疗诊断、教育鉴定、教育安置、就学辅导、提供支持及培训、相关服务、特教咨询与法律援助。专家委员会服务对象包括：教育行政部门、残疾儿童的家庭、特殊学生、普特学校、普特教师。这样就形成了以教师和医生为两大主力的专业服务团队，区教育局建立了特殊教育入学鉴定委员会专家团队、特殊教育巡回指导教师团队、相关服务项目研究团队，卫计局建立了"一校一医"日常服务队伍，由儿科和康复科两个指导医生组成按需指导教师开展康复服务由专家医生团队为残障学生的教育康复训练解决疑难杂症。

在工作推进中，涵盖从工作计划、培训宣导、残疾学生信息摸底、教育诊断评估、教育安置、追踪服务、总结评价等工作环节。在医教专业合作中，既有刚性的工作规范，又有充满人情味的联动服务。

医教合作，我们在行动

不同疾病对儿童学习能力有不同影响，同一疾病类型对儿童个体的学习能力影响也不一样，各种疾病的治疗和康复有其客观规律，因此，特教教师需要加强医学课程培训。如脑瘫是出生前到出生后 1 个月内因各种原因导致的非进行性脑伤综合征，由于脑损伤的部位和原因不同，可以表现为中枢性运动障碍、肌张力异常、姿势及反射异常、智力低下、癫痫、语言障碍和听觉、视觉障碍等症候群。特殊教育工作者只有在医生的指导帮助下,才能正确认识自己的教育对象,开展针对性教育。特教教师常需要进行以下基础医学内容的学习:人体解剖生理学、常见疾病的了解及预防、康复功能的评定。具体实践中,我们开展了以下医教整合服务。

靠前诊断,做好医疗前置服务。医疗机构进行的筛查、评估、鉴定包括产前筛检、新生儿筛检和专业鉴定。产前筛检针对有基因疾病或高危群孕妇,这很容易发现唐氏综合征儿童、脑瘫儿童;新生儿筛检是针对每个儿童的神经心理发育评估,并对高风险、高危儿进行医学观察和神经心理发育评估;专业鉴定是对特殊儿童的障碍类别、障碍程度及障碍原因进行的判定,我国现制定了盲、聋、智力障碍、肢体障碍等鉴定标准。在前期的筛检、鉴定结束后,会进行医疗康复服务。一般医院儿科、康复科、儿保科、儿童心理科会开展特殊儿童的医疗康复服务,专门的康复医院、残联康复站及康复机构也会开展综合性康复服务。

医教合作,联动评估安置。特殊儿童若想回归主流适应社会生活,他们就需要系统的特殊教育支持服务,目前我国特殊儿童少年主要有三种教育安置模式:特教学校就读、随班就读和送教上门。如何选择恰当的教育安置形式需要医学和教育的协商,确保安置的专业性和科学性,如重度徐动型脑瘫孩子需要先接受"康复+送教上门",学业适应良好者优先进入普通学校,程度较严重但在支持下可入学者进入特殊教育学校。

教康整合,打造基于学校的康复治疗模式。对大部分特殊儿童而言,康复必须伴随其很长时间,医院本位的康复模式不仅成本高且不宜于学生其他方向的发展,而在医疗专业人员培训和指导下开展的基于学校的教康整合模式是一种最有效的康复治疗模式,如由"神经科医生+康复科医生+康复教师+动作障碍学生+家长"组成的完整康复服务共同体可以最大限度地整合资源、节约成本、提高效能。

动态安置与一人一案

适应安置,朝向融合

一个能生活自理的唐氏综合征学生究竟是应安置在普通学校还是特殊教育学校? 如果安置在普通学校,目前的班级授课制能满足他的个体化需求吗? 这些问题难有定论,家长也是万分纠结。合适的安置是优质教育的第一步,每一个孩子都应该安置在最少受限制的环境。

早在 1970 年,专家提出根据学生的不同残疾程度与教育需要提供从最少限制的环境到最多限制的环境,即从普通学校、普通班级到不具备教育性质的医院或其他养护性机构,这被称作"瀑布式特殊教育服务体系",这种弹性安置给特殊孩子更多教育选择,也给他们随机调整的可能。

目前,双流区特殊需求学生主要有 3 种安置形式,即"普通学校随班就读""特教学校就读""送教/送康上门",另外还有"学前融合"和"职特联动",这是基于区域特殊儿童教育需要作出的安置形式，这一举措极大提高了残疾儿童少年入学率和接受融合教育的比率。另外，各种安置形式可以动态调整为：普校—特校、送教—普校、送教—特校、特校—普校，幼升小、小升初、初升高，真正实现让特殊教育作为一种特殊通道而不是隔离式教育。

然而，究竟该选择哪种安置形式？除了基于学生的残疾情况（医学鉴定、残疾证标注），还要参考家长的教育决定、老师及其他专业人员的安置建议，只有协商后的安置决定才是科学且合乎情理的。如一个孩子重度障碍且家庭极度困难，则不能强迫家长到学校就读。一个智商较低但行为习惯良好且强烈渴望到普校就读的孩子则不能剥夺他接受融合教育的权利。

个别化教育计划催生优质教育

一个学习适应有困难的孩子就算获得能够安置在普通学校的机会，这就是融合教育吗？一个在普通学校接受融合教育的智力障碍学生，他的智力很难跟进班级语、数学科知识，但是他在体操、乒乓球、国学经典背诵方面表现较好，家长期待孩子未来能适应日常生活并有一技之长，普通学校提供的现有教育体系能满足孩子成长需求吗？怎样为这名孩子制订切实可行的个别化教育计划？

教育有法而无定法，没有一种完全适合所有学生的教学法，而个别化教育尊重孩子的学习起点，设定不同的目标、要求，允许儿童按照自己的学习速度前进，重视学生个性发展，使学生成就因人而异、各不相同。即使在普通教育上,也应探索课程的个性化、选择性,发挥孩子学习的主动性。或许在普通儿童教育上,个别化教育需求没有那么强烈,但是那些与一般孩子相比有明显差异的群体,如视力障碍、听力障碍、脑瘫、自闭症等,整齐划一的课程呈现无法帮助他们有效学习,只有"一人一案"教育才能真正满足孩子的教育需求,做到因材施教,弥补缺陷,开发潜能。个别化教育计划被认为是确保特殊儿童教育质量的重要保障。个别化教育计划即评估孩子能力现状,包括基础能力和学业能力,根据能力及需求确定长短期目标。特殊教育服务团队依据特殊学生的发展现状及需求为其量身定制个别学习计划,在计划引导下确定恰当的课程及时间安排,将个别化教育计划渗透在不同教育课程中,提升特殊学生在各领域发展上的最大潜能,最终以综合、生态的评量方式评估学生进步情况并调整教学。

特殊教育中的个别化教育计划既是一项法定文件,也是一种工作规范,更是一种专业教育服务方案,具有功能性、发展性,可融合各类课程、日常活动。个别化教育计划包括以下内容:学生能力现况、家庭状况及需求评估;学生所需特殊教育、相关服务及支持策略;学年与学期教育目标、达成学期教育目标之评量方式、日期及标准;具情绪与行为问题学生所需之行为功能介入方案及行政支援;学生之转衔辅导及服务内容。

三种主要安置形式的个别化教育计划方案略有不同,送教上门学生一般障碍程度较重,实施方式以家庭教育为主,因此评估上强调身体机能,实施上强调目标精简、辅导可操作性强。特教学校有良好的师资团队,且孩子障碍程度较重,一般进行系统评估,拟订个别化教育计划,并通过个性化的课程设计实施计划。融合安置学生一般以观察访谈的形式了解情况,做教育分析,根据学生特殊需求的程度确定为一般支持个案和重点支持个案,协商拟订教育目标,形成易操作的实施策略。

民主协商下的个别化教育计划推进

究竟要把孩子培养成什么样的人?究竟要为孩子提供什么学习活动?家长们往往有自己的理解和期待,因为理念冲突,父母间的育儿之争往往就开始了,有的强调学习成效,有的强调学习兴趣,争来争去,孩子反倒无所适从了。教师的参与成了孩子教育的协调者,家长们把教育的决策权交给老师,当老师说"教育需要家校合作",又开始新一轮的教育协商,爸爸、妈妈、爷爷、奶奶、老师、教育管理者都加入这场协商的阵营,怎样才能协调各方的需求、资源现况给孩子提供最好的教育?

个别化教育计划是小组成员协商合作的结果,体现了教育的选择性、实用性,主要由特殊儿童家长或监护人、普通教育教师、特殊教育教师、教育行政人员、相关专业人员、特殊儿童等参与。主要包括以下操作环节:

基本资料收集

资料收集的难点是了解孩子一切,在访谈中,我们需要从父母那里了解孩子的发展经历、性格、能力兴趣、生活习惯;还要了解他们当前在孩子教育方面的迫切难题。每个人眼中的孩子都不一样,因此我们需要真正接触孩子,看到真实的他们。虽然他不一定完整展示真实的自己,我们通过沟通互动、作品分析了解他们的社交能力、学业能力,期待全方面了解孩子。通过访谈、观察,我们完成了孩子的基本资料收集,了解了学生的家庭情况、生长史、医疗史、教育史,但却只是粗浅的认识。

教育评估

教育评估主要是对学生身心发展的各个领域进行综合、全面的了解,包括感知觉、认知、沟通、行动、情绪情感、社会交往、生活自理、学业发展等,以确定学生现有发展水平及个别化的需求,以指导后面的教育决策。评估策略包括各种健康检查、标准化测验和非标准化测验。

生理检查主要指各种医学检查包括脑部、视力、听力、动作发展等。

标准化测验一般用于了解学生生理、心理、学科发展水平,以确定特殊教育及相关服务的性质和程度,包括智力测验、认知测验、情绪行为测验、成就测验,主要由专业评估人员完成。

非标准化测验包括课程本位评估、动态评估、功能性评估、环境生态评估等,主要由教师和家长完成。

拟订个别化教育计划

整理个案基本资料和评估结果,进行个体间比较和个体内比较，对学生进行优弱势分析，了解学生的特殊教育需求、相关服务需求、行为问题介入需求及转衔服务需求。基于需求分析，初步得出教育决策思考，就可以拟订一份个别化教育计划初稿。

召开个案分析会

个案分析会体现了教育的民主管理和科学决策，主要目的是明确个案的基本情况，进行优弱势分析，讨论教育目标，并商讨教育安置策略，围绕目标学生在需要教育中涉及的重要他人，聚集了学校管理者、班级教师、特教教师、相关服务专家、家长代表及学生，各方人员将从不同的角度阐述对孩子的了解、期望与教育支持策略，在思维碰撞中最终达成一致教育目标，并找到最优、最省的教育具体安置措施。个案分析会是指导、协调孩子后续教育的重要会议，它需要真诚交流、专业思考、资源分享和策略协商，切忌流于形式。然而，个案分析会是一项烦琐而专业的专题研讨会，没人能独立完成，有的甚至一片茫然，我们必须让个案分析会达到以下要求：主题目标明确、各有分工、相互尊重、达成共识。

计划实施

在孩子教育中，不论是家庭教育还是学校教育，大家未必能轻易达成一致。在个案分析会之后，大家从情感、专业上达成一致，形成个别化安置策略及学习进度表，后续安置策略能否落实跟进则是保障计划落地生根的关键。通常在落实个别化教育计划的时候会遇到以下难题：协调不到位、目标策略不够明确、个别化教育支持不到位、家庭支持不够。

另外,若需要严重情绪行为干预和转衔支持则需要进一步协商确定支持方案。

普通学校主动满足孩子的特殊需求

有爱无碍,营造共融环境

当孩子进入我们的校园时,他会被学校里面各种新奇的事物所吸引,被温文尔雅的老师所吸引,即使他不够聪明、动作不够灵活,甚至看起来比较奇怪,老师也会给他爱的拥抱,给他期待的眼神。当他缓缓走进教室,同学们帮他做好学习准备,课堂中即使很多内容都听不懂,他依然可以学会很多,老师总是给他鼓励和帮助。下课了,同学们和他一起在操场奔跑,他们还可以去花园看蜜蜂呢,他走不快,可是他一点也不着急,同学们会等着他。

"彩虹之美,因多色共存;人生之美,因多人共融。"我们共同打造一个充满爱与包容的花园式校园! 希望在孩子们心灵深处播种下爱与感动。面对差异,学会接纳;面对特殊,学会欣赏。

走进学校,门口校训赫然警醒、国旗台上红旗飘扬、花园中花鸟斗奇、文化墙上展师生风采、教学楼中书声琅琅、运动场上英姿飒爽。"心语广播"每天早晨伴随同学们迎接新的一天、上课铃声让孩子们学会劳逸结合与学习转换、午间新闻收听天下大事、广播体操号召全民运动。这些用心的设计给孩子们提供了各种学习、生活空间，让孩子们幸福成长、多元发展。

充满爱的环境怎么能拒绝那些看不见、听不见、说不清、行动不便、感觉失调的孩子呢？坐轮椅的小朋友来了，戴助听器的小朋友来了，戴眼镜的小朋友来了……斜坡道、扶手、电梯、防滑防撞装置、无障碍卫生间、轮椅观众席等设施让更多的肢体障碍小朋友自由出入；视觉提示系统、辅助沟通设备帮助听力障碍、沟通障碍小朋友有效沟通；感应式水龙头、声控开关、杠杆式门把让操作不灵活的人也能自如操作了。无障碍装置与辅助技术帮助各种有困难的小朋友进入校园，普通小朋友也爱上了这些高科技技术，他们喜欢用感应式水龙头、喜欢视觉提示、喜欢坐电梯。

真正的接纳、融合在于沟通的畅通，彼此用心交流、欣赏、互动，人人参与，合作协助，共享成功。校园要成为适应每一个孩子生存的土壤，发现每个孩子的生存需求和生存价值，他们会在这里生根、发芽、开花、成熟，他们会以独特的姿势走入社会这个大家庭。营造一种真实的校园，允许学生展示真正的自己，这就是充满爱与接纳的环境，融合教育文化就是主张有特殊需要的儿童能真正地和正常发展的同伴一起参加学前教育、基础教育和高等教育，在融合的环境中获得成长，并且相信每位儿童应有机会达到一定水平的学习成就，融合导向的普通学校最有利于建立一个融合的社会，达成全民教育的目标，对全体儿童和教育效能也有助益。

课程调整,每个孩子都能成功

一个智力障碍学生,他的数学学习进度跟不上班级进度,数学老师说:反正孩子也不可能跟上普通学生的进度,他上课可以画画,只要不干扰其他同学就好。他爸爸也说:曾经试过教孩子数学,但怎么都教不会,现在基本放弃了。我们该如何看待"智力障碍学生数学教不教的问题"呢?

每个孩子的学习接受能力、学习风格各不相同,普通课程应考虑学生的差异性,调整课程体系,让每个学生从弹性课程中获得成长。通常课程调整包括课程内容、教材、教学方法、行为管理、情绪心理和教学环境。

双流区目前实施的融合教育课程是以特殊学生个别化教育计划为起点,通过对普通课程目标的调整与特殊需要课程的开发、选择,采取变通、扩展、替代的调整策略,提供相应的课程变式,形成满足个体发展需求的调整性课程群,并做好具体的课程教学安排,弹性实施。目前,普通学校校本化课程建构已形成"学科通用课程+特需课程"的模式。其中,学科课程目标调整具体体现为结合各学科领域的课程标准,对小学语文、数学等课程进行目标层级分析,形成相应的课程目标评估体系,进而构建一套适用于特殊需求学生诊断和评量的课程;特需课程则是基于学校的课程文化、框架、特色而形成的各种模式,帮助特殊需求学生补偿缺陷发展潜能。

在融合环境中,智力障碍学生学科学习进度和同龄学生差距较大,班级老师既要照顾大多数人的学习进度,还要照顾特殊个案的学习进度。在班级中，通常是将个案的目标整合到班级学科进度表，每月渗透个案的个别化教学目标；另外，还要采取个别化教学形式为个案提供补救教学，特教老师指定教学材料和作业单，通过形象化、多感官的教学方式帮助学生理解知识。由于智力障碍学生教学强调"小步子、多重复"，因此需要助学伙伴和家长协助巩固泛化所学知识。

包片巡回，带动区域融合学校高效运作

普特协作，最好的教育

在融合教育生态环境下，资源教师的专业素养和团队整合能力是提升随班就读学生学习质量的关键点，只有通过普特教不断整合调整，才能不断优化服务效能，最终促进随读生个体学习质量提升及全面发展。"普特融合"是特殊教育学校和普通教育学校之间相互支持、合作共赢、推进融合教育的主要形式和重要途径，包括教学融通、普特教师合作与交流、课程融通等。普特教师专业整合是实施有效融合的重要保障。目前，大部分地区开展了普特教师融合的实践研究，普特教师形成了以下互相融合的做法：特教教师主动参与"学普研特"活动、开展普特同课异构活动、制订特校老师到普校蹲点学习的制度、鼓励教师积极参与普校教师培训与研讨、定期举办普特校之间的教师交流活动、课程开发促进普特合作、课题合作引领等。

资源教室,学生个性化成长的小天地

教室里的琅琅读书声,或思考交流,或自主完成有难度的作业,这一切似乎都与小辉辉无关,他听不懂,根本不知道怎么参与。如果他乱动的话,老师就不高兴,同学们也觉得他是个异类。辉辉喜欢有属于自己的小天地,有老师关心他,带着他做自己喜欢做、能做的事情,比如打乒乓球,这样他就会自信地和同学们一起打球了。

当传统的教室已经无法满足学生的学习需求时,我们需要给他们提供一个场所,目的是满足具有显著个别差异儿童的特殊教育需求,让他们敢于表达、暴露自己的不足,展示自己的个性,老师个别化地指导,慢慢引导孩子变得更自信、更独立。

资源教室不仅仅是指一间固定的为特殊孩子提供服务的教室,它还是一种安置形式,是一种支持方案,更是一个资源协调阵地,它并不是执行任务的唯一场所。从物理环境上看,资源教室是指在普通学校或特殊教育学校建立的集课程、教材、专业图书以及学具、教具、康复器材和辅助技术于一体的专用教室,包括咨询区、办公区、教学区、康复区、阅读区、玩具区等,具有提供教育咨询、个案管理、心理诊断、个别化教育计划、教学支持、学习辅导、补救教学、康复训练和课程评量等多种功能;从功能服务上看,资源教室是沟通普通教育与特殊教育的桥梁,是随读生融入普通学校的第一步,是区域内普特教师专业联动的研究平台,集需求统计、任务分析、协调执行于一体。

双流区实现了义务阶段学校资源教室全覆盖,每个有特殊需求的孩子都能找到为自己服务的地方,一级资源教室即资源中心统筹协调区域特教资源,二级资源教室作为片区专业支持阵地,三级资源教室整合校本资源,做好常规工作,针对个案需求寻找达成路径,并形成区域"三级联动"解决棘手问题的策略和路径,如自闭症学生情绪行为问题干预方案、资源教室课程设计与教学实施。资源教室具体包括以下4项职能:①行政管理,具体执行学校随班就读管理团队制订的随班就读管理方案,做好管理上的上传下达,切实营造全校参与的融合教育氛围;②个案服务,基于个案教育教学需求,做好身心障碍学生筛查、评估、安置、转衔、制订个别化教育计划、提供课程支持、学习质量评估;③教师合作,与身心障碍学生所在班级教师做好专业沟通,包括班级融合、学科调整、家校沟通等;④资源组织,整合特教相关人力资源和专业资源,通过合作咨询,为身心障碍随读生提供更专业的支持服务。其中,从常态来看,资源教室主要是提供个别化相关服务。

巡回支持,提高服务效能

一位普通学校课教处主任感叹:残疾儿童教育问题日益突出,我们都在重视,并想办法解决,但还是感到力不从心,要是有专业特教老师长期在我们学校负责这项工作,我相信融合教育的质量将会更进一步。这是目前普通学校普遍面临的问题,但身心障碍学生类型较多,且服务对象在不断变化,具有某类障碍服务专长的特教老师不可能应对所有的特殊教育需求,接受特教系统培训的资源教师也在不断成长,最有效的办法是通过特教专业教师提供巡回指导服务,指导区域内所有学校的融合教育工作,应需求提供针对性服务。巡回指导教师这一重要角色也逐步走向专业化,巡回指导教师是指特教专业人员为普特学校人员提供特殊教育咨询服务及个别化指导的教师,这些教师为特殊需求儿童提供特殊教育服务,旨在提升普通学校融合教育支持服务效能。

随着特教学校向资源中心的全面翻转,资源中心将承担大量巡回指导工作,为普特学校提供融合教育支持,双流区已经实现了义务阶段学校融合教育全覆盖,并不断向学前和高中两头延伸的特殊教育发展格局,资源中心按 5 个教育片区分派巡回指导教师,通过片区巡回发挥督导和持续支持效能。巡回指导专业团队成员组成包括特教行政管理者、特教骨干教师、动作治疗教师、语言指导教师、情绪行为干预教师、心理辅导教师、区聘特教专家、骨干资源教师。巡回指导主题包括组织管理、队伍建设、资源室建设与运作、教育教学及特色项目;流程包括召开入校督导协调会、向资源中心申报备案、到随班就读学校督导、督导情况记录与反思、融合教育学校后续支持。在区教育局的行政赋权下,巡回指导兼具行政督导和专业指导双重职责,巡回指导工作会要求分管行政、资源老师及班级教师等参加,通过访谈了解基本情况,并给出专业建议,根据需求提供学生相关服务,帮助普通学校明确学生的优势与不足,提出基本的工作策略。

专业巡回指导团队进一步规范了区域随读生的教育诊断

评估与安置流程,有效解决随读生情绪行为问题,明显改善了随读生在班级的学习与生活状况,提高了随读生接受相关服务课程类型和数量,普通学校融合支持团队理念及专业技能进一步提高,三层级融合教育学校资源整合度更高,校级差距越来越小。

巡回指导对特教教师而言也颇具挑战,需要广博的特教知识、良好的沟通能力、具有资源协调链接能力、具有常见的干预技术、较硬的心理素质和应变能力以及较好的体力,这需要时间的磨砺和工作的积累,巡回指导教师很辛苦,却将特教专业宣导和服务带到了每所学校。

蹲点指导，全面撬动普通学校融合支持

特教教师蹲点普校,你准备好了吗?

一个小学三年级的小男生聪明伶俐,老师甚至认为他是个伶牙俐齿的孩子,他的学习不费太大力气就能达到中等偏上水平,可是他特别容易被激怒。在家里和父母发生争执,他就会离家出走,甚至留下言语恶毒的信,字里行间充满对父亲的诅咒,有时甚至会和父母大打出手;在学校也会因为小事和老师、门卫、同学大打出手,班主任束手无策,学校第一时间给特教资源中心打来电话。

普通学校特殊需要学生的障碍类型越来越多样化,除了智力障碍、听力障碍、肢体障碍等,还有如多动症、情绪行为障

碍、学习障碍、发育迟缓。普通学校资源教师真是应接不暇，普通学校的特殊教育需求呼唤特教专业人员的加入，于是特教专业人员开始在普通学校蹲点了。

特教教师蹲点普通学校是一种全新的尝试，他们的主要任职点在资源中心，但他们一周有很大部分时间在普通学校。蹲点教师面对不熟悉的环境、不熟悉的同事、不熟悉的特殊需求孩子，他们面临的都是普通学校解决不了的问题，这对蹲点老师而言是一个很大的挑战，这些难度远超过巡回指导教师的压力。对蹲点教师而言，其工作职责绝不仅仅是解决疑难问题，而是把自己定位为普通学校资源教师，站在普通学校角度思考融合学校氛围建设、资源教室规范运作、"重点+一般"个案服务流程、普特教师合作机制等，以深耕专研的态度做好这一工作。

专职人员入驻带来的融合新气象

双流区一所普通学校由于校区分离，面临资源教室重建、更换资源教师的情况，可以说融合教育工作将从头开始，而该校学生数量众多，有残疾证的学生就有 8 名，无证但有各种问题的孩子也越来越多，新学期就闹出一场"智力障碍儿童安置分歧"，各方闹得不可开交。基于此，资源中心派出一名蹲点教师全面协助该校的融合教育工作，经过 1 年的蹲点，该校融合教育工作逐步走向正轨，在特殊教育专项督导评估中获得 98 的成绩（总 100 分）。其变化主要体现在以下方面：

融合教育氛围浓厚起来

随着蹲点工作开展，融合教育中层管理干部参与制订蹲点计划并从学校管理角度提出专业建议,从整体管理上厘清了融合文化理念、融合教育工作开展制度,大家形成了互帮互助的融合理念,为每个特殊需求学生提供个性化支持,为肢体障碍学生建立爱心厕所,为听障学生协调班级安置,为智力障碍学生提供乒乓球特奥项目,为多重障碍学生提供陪读策略。班级也为这些孩子提供学习机会:肌肉萎缩症女孩当路队长、智力障碍小孩当上小班主任、各类障碍儿童积极参加集体活动、外出活动,脑伤学生参加诗歌比赛,智力障碍学生参加乒乓球比赛,他们充满自信与感恩;唐氏综合征的小孩每天热情地给门卫、老师、同学打招呼,肌肉萎缩症女孩把英语词典送给同桌。普通学生对特需孩子包容接纳帮助,有的向励志的身心障碍同学学习,他们成立助学小伙伴群,每天帮助那些行动不便、沟通不畅的孩子,一年级的一个小女生说:"辉辉有病呢,他都能背弟子规,我们都要向他学习"。老师们也积极响应,一年级的老师们时刻关注孩子们的特殊需求,只要有孩子有些异常,马上寻求专业支持,并不断加强特殊教育学习。通过中心主任的家长培训会,普通学生家长积极响应,愿意到中心参加志愿者活动,让孩子们了解这些障碍的孩子,多帮助他们。

资源教室运作更加规范

为进一步提高融合教育工作效能,该学校主任提出"因地制宜,将融合教育工作整合到学校常规工作"中,通过不断推进调整,形成了以下工作措施。

融合教师团队组建。为了更好开展随班就读工作,做好过程管理,在蹲点巡回教师建议下,东升小学教导处主任牵头成立随班就读工作小组,包括 1 名行政主管、1 名资源教师担任特教教研组长、1 名心理健康老师和 2 名学科教师担任资源教师,随读生所在班级班主任担任随班就读教师。做好各项工作分工,定期汇报和提交个案资料,遇到问题及时反馈。并灵活开展家长与班主任、家长与资源教师、家长与特教巡回指导教师对话。

教研活动开展机制探索。为了提高教研活动工作效率,形成了"线下讨论+微信群在线讨论"的方式,及时研讨、及时解决问题。线下活动包括专题培训、个案研讨等。微信群用于资料收集和问题研讨等。

规范过程性资料收集。为及时了解全校随读生发展动态,建立过程性资料收集模式,包括每周照片、视频上传,每月学生作品、作业收集,中期考核资料收集等。另外,强化随班就读工作资料完善,包括资源教师工作手册、调整性备课本、普特教师流动个案反馈手册、家校反馈手册等。

工作总结与成果提炼。为进一步提升随班就读工作质量,我们通过普特合作开展研究、撰写论文、书写随笔等方式进行反思调整,不断优化工作效能,并进行成果宣传推广。

资源教师工作更加高效。资源中心特教教师深入普通学校服务的根本任务是围绕重点个案,在个案支持各环节中,普特教师携手调查问题、形成解决方案、建立持续工作的机制。特教专业人员应积极抓住典型案例,从融合理念到具体支持策略学习,不断引导普特教师专业成长,建立完善的普特联动服务机制,从区域督导、巡回指导到个案蹲点服务,多策略强化普特教师合作机制。

形成了"重点+一般"的个案服务流程

针对障碍程度较重的个案,规范并简化个别化教育服务流程,包括筛查、评估、个案分析、拟订个别化教育计划、实施调整性教育方案,重点支持,建立个案发展档案。

针对轻度特殊需要学生,如注意力缺陷与多动症学生、学习障碍学生和情绪行为困扰学生,我们在实践探索中形成了班主任观察模式,提出申请、访谈、评估、形成个案干预需求报告、根据专业建议做日常调整。

迎来各种有特殊教育需求的孩子

真正的融合教育是能够为更多有特殊教育需求孩子提供个性化教育服务,随着专业服务力量的介入,越来越多的孩子走进资源教室,他们得到不同形式的个性化支持,顺利度过发展危机,而资源教室的服务效能也越来越高。

案例1:陈爸不再困惑了

陈爸的儿子辉辉是一名一年级智力障碍随读生,入学初,课间常推同学、扯头发。其他家长认为自己孩子在此班学习,人身安全受到威胁,要求学校把辉辉赶出本班。该校资源教室发现问题立即研讨并上报,一级资源教室专业介入,针对辉辉行为问题进行诊断评估,与辉辉家长、学科教师、助学伙伴一起为其拟订社交介入计划,定期开展社交技巧训练。同时,一级、二级资源教室联动,从融合教育的政策法规、相关支持策略等方面对普特学生家长开展培训。一学期后,辉辉不再推同学了,家长能接纳辉辉参加各项活动了。助学伙伴的妈妈说:"女儿在学习生活中帮助辉辉就是在帮助自己,成长自己。"

案例2:脑瘫娃"变形记"

天天是某小学二年级三班的一名脑瘫学生,下肢无法站立。班级里,同学们都不喜欢她,有同学说她脏得很,脸上常常有泥印,手指甲黑黑的,还常常尿湿裤子;有同学说她上课常常尖叫,不是个好学生,考试成绩常常是倒数第一。在家里,爸爸妈妈觉得天天很丢人,不喜欢带天天出去;考试得了低分,还会打她。学校资源教室教师了解了天天在学校、家庭、社区的情况后,针对天天的问题,提出了以下支持策略:①针对尿湿裤子和下肢无法站立,与学校协商,调整班级到一楼挨着厕所的教室,并在学校建立无障碍卫生间和符合标准的斜坡,方便轮椅使用;②与随读班级教师共同开展班队活动,让普通学生了解天天,帮助天天;③与天天家长多次沟通,改变天天家长对天天的认识,转变家长观念,促使家长认识到天天外出社交活动和生活能力训练中的高兴;④制订天天生活适应和社交活动家庭支持计划,由社区志愿者、资源教室教师和家长共同执行计划;⑤在学校资源教室开展针对天天的学科补救,提高天天班级教学参与度。通过一学期的家庭、社区、学校支持,天天在班级有了一个好朋友,同学们对天天的态度有了转变;天天能够自己洗手洗脸了;没有再出现尿裤子的现象;上课不再尖叫,能够偶尔回答老师的问题;天天爸爸妈妈会在晚饭后带天天去家附近的广场玩,去亲戚家游玩。天天觉得越来越快乐了。

案例3:爱笑的京津

京津,女,听力障碍随读生,就读于某小学。为了提升京津的学习质量,一级资源教室与该校资源教室联合,共同探讨提升京津学习质量的策略。通过指导评估、召开个案分析会、拟订IEP、上示范课、与资源教师讨论等策略给予资源教师全方位支持。

在课程实施初期,由一级资源教室巡回教师深入该校,先上示范课、资源教师观课、课后探讨,再指导资源教师设计课程、协同教学,最后实现资源教师独立上课。同时,做好对京津所在班级学科教师及家长的培训与指导,形成全面支持合力。

经过资源教室两学年的个别化教学与支持活动,京津各方面都得到了发展,主要表现为:①学科学习能力进步明显。语文学科,阅读量丰富了,理解能力得到提升,不仅能基于文本回答时间、地点、人物及事件的简单问题,还能提出自己的见解;数学学科,填空题和应用题的解题能力提升了,正确率从40%提升至80%。②掌握了一般听觉技巧。通过特需课程学习,京津听觉记忆与理解从 2 个单元进步到 5 个单元,上课时能听懂老师所讲80%的内容;在日常学习生活中能与别人较流利对话,基本能与人沟通。③性格变得开朗了。上课积极动脑筋,大胆发言,朋友明显增多,京津家长说:"京津爱笑了,我也放心了!"

案例4:调皮捣蛋的小鑫

小鑫是一个发育迟缓的孩子,个子小小的,课堂中其他同学都在上课,小鑫在教室里到处乱爬,扰乱课堂秩序。上课听不懂,他就悄悄爬到同学位置上找同学玩;在座位上无聊,他爬到教室后面玩小黑板或柜子;上课两分钟,趁老师不注意;他从第一排爬到后门,溜出教室。小鑫的行为问题类型诊断结果为不当社会行为问题,另外包括自我刺激行为问题、情绪行为问题。主要原因是特定的要求、作业或交代的事情太难、让小鑫有压力。通过个案分析会,普特教师联动制订以下策略:家校形成统一的代币机制,每天对两项正向行为进行约定(如上数学课坐好、回家写一排字),老师、家长打钩后,家长给孩子代币。对该生的学习任务进行分解,根据孩子能力,逐步分解学习任务,让孩子每天有事情做,能完成任务。在家庭教养上,把他喜欢的看电视当作增强物,引导学生好的行为,如写作业、收拾东西等。通过行为干预,小鑫的行为明显进步了。

　　蹲点工作是一项有益尝试,我们深入随班就读工作,攻坚克难,解决了很多问题,同时也发现了更多问题,特殊教育是一项深入、长期的工作。需要各方人员的参与,促进双流区特殊教育需求孩子的适切发展,合力助推区域教育整体上公平与优质发展,进一步工作建议如下:

资源教师工作量的进一步核定

　　提高教学质量的最大矛盾点是时间分配问题,普通学校面临的学生多、教学任务大、个别需求日益突出,只有进一步核定资源教师工作量,才有可能提供更好的专业服务。建议提高资源教师在随班就读工作上的时间分配,更好地思考这项工作,更多地为随读生、随班就读教师和家长提供支持。

各随班就读学校特殊教育外部支持模式的完善

　　各随班就读学校仅仅依靠资源教师一人之力是远远不够的,他们根据随读生的多样需求,往往需要不同的特教资源。怎样搭建高效快捷的随班就读外部支持模式是极其重要的,双流区需要进一步强化"1+5+N"专业支持模式效能,尤其是5个二级资源教室的专业服务能力。

隐性障碍学生的进一步探索研究

　　近几年,生态环境和家庭教养态度的转变,一年级孩子出现的差异越来越大,老师们面临的差异化教学越来越突出,家长对孩子的个体成长及教育质量的关注越来越多,应大量开展有隐性障碍孩子的教育探究,如学习障碍、情绪行为障碍、注意力缺陷及多动症等。

第六章 融合教育品质保障的考核评估

有温度的考核

对区特殊教育资源中心的考核评估

为不断加强区特殊教育资源中心管理，规范资源中心常规工作，提高资源中心运作活力，区特殊教育资源中心作为管理者与专业支持者积极与国内特殊教育专家研讨，拟订了《成都市双流区特殊教育资源中心考核评估细则》。本考核评估细则由行政支持、中心建设、中心运作和亮点特色四个方面组成，这四个方面也是考核的一级指标。每个一级指标下对应相应的二级指标，如：一级指标"行政支持"对应的二级指标有行政管理、政策制度、经费保障、人员配置四个二级指标；一级指标"中心建设"对应的二级指标有硬件建设、软件建设和资源整合；一级指标"中心运作"对应的二级指标有诊断与安置、专业培训、巡回指导、特教科研、考核评估；一级指标"亮点特色"对应的二级指标有教学成果、课题成果、表彰推广、研究交流。为了让考核评估内容具体明确，每个二级指标下会有对应的三级指标，如二级指标"行政管理"对应的三级指标：一是每年至少一次协助区政府组织好多部门参加的随班就读工作联席会议；二是成立以区教育局领导为组长的随班就读工作领导小组；三是成立以资源中心主任为第一责任人，有教研、科研、培训、技装等部门人员参与的管理团队。

每年 10 月，区教育局特殊主管科室依据《成都市双流区特殊教育资源中心考核评估细则》分别对区特教资源中心的行政支持、中心建设、中心运作、特色工作等四个一级指标，通过查资料、实地督查看、访谈师生及家长等进行考核评估。区特教资源中心执行主任常说："区特教资源中心考核细则不仅仅是区教育局对区特教资源中心的考核依据，更是区特教资源中心具体功能、职责的细化，该细则有效规范了我们中心的工作。"

对融合教育学校的考核评估

双流区通过资源中心专业建议、教育局审定发文，出台了《双流区中小学融合教育工作考核办法》，具体考核各普通学校（暨二三层级资源教室）融合教育工作。《双流区中小学融合教育考核办法》分为基本部分和特色工作两大板块，其中基础部分主要对学校融合教育组织管理、队伍建设、教育教学、资源教室建设、资源教室运作五个方面进行考核。通过实践检验和专家指导，进一步丰富原评估方案一级指标，细化二级指标，使二、三级资源教室评估方案更具有科学性和操作性。《双流区中小学融合教育考核办法》由 5 个一级指标（组织管理、队伍建设、资源室建设、资源室运作、教育教学和特色工作）、27个二级指标、47个三级指标组成。

每学年区特殊教育资源中心根据教育局特殊教育工作总体部署要求，拟订区域融合教育工作学年度考核评估方案，提交区教育局审核后，由区教育局在其官方网站发布每学年区域融合教育工作专项考核通知。对各考核评估小组提出要通过评估了解当前各校开展随班就读工作的情况，既要准确梳理问题，客观剖析当前工作中存在的不足，提出相应的整改意见，又要总结、推广各校成功经验及创新举措。在专项融合教育考核评估小组成员培训会上，区教育局主管科室罗科长语重心长地说："我们开展融合教育专项考核评估工作，不只是给每个学校一个分数，而是通过考核促进每个学校进一步规范融合教育工作，帮助找到他们开展融合教育工作的特色，要鼓励每个学校都积极推动融合教育，要把那些有特色的融合教育学校亮出来，在全区进行宣传推广。"

考核的形式主要为学校自评和考核组考评。各校按每学年年度考核相关要求进行自查自评，填好评分表中自评分部分，提交自查自评报告，并加盖学校公章。考核组考评方面，由区教育局领导、区特殊教育资源中心巡回教师、二级资源室骨干教师组成区域融合教育考核评估组，并根据区域融合教育五个片区将考核评估人员分成五个考核小组，每个小组组长均由区教育局相关领导担任，区特殊教育资源中心专业人员担任副组长，分别以五个融合教育二级资源教室学校为考核现场，分片区考核。各片区内三级资源教室学校按照考核细则梳理相关资料，到对应二级资源教室学校参加考核。考核小组在考核工作中当场向各学校反馈需要整改及完善的意见和建议,并在考核工作结束后一周内形成片区考核书面报告,于规定日期前将组长签名的评分表及考核报告上报资源中心,最后由资源中心形成全区随班就读工作专项考核报告,上报区教育局特殊教育主管科室。

考核督导结果作为各融合教育学校每学年目标考核基本分值,用于衡量各校随班就读工作开展的质量,为推进全区特教工作提供重要依据。对于在学年度融合教育专项考核评估中成绩突出的学校,区教育局按比例确定受表彰的优秀学校,在融合教育年会上集体表彰,同时各融合教育先进学校进行典型经验交流汇报,实现经验推广,促进区域融合教育整体质量提升。

对融合教育教师的考核评估

区特殊教育资源中心组织各级专家本着以下原则进行考核:一是尊重规律,以人为本的原则,尊重融合教育教学规律,尊重教师的主体地位,充分体现教师教书育人工作的专业性、实践性、长期性特点;二是以德为先,注重实绩的原则,把师德放在首位,注重教师履行融合教育岗位职责的实际表现;三是激励先进,促进发展的原则,鼓励教师全身心投入融合教育工作,引导教师不断提高自身素质和融合教育教学能力;四是客观公正,简便易行的原则制订《融合教育教师工作质量考核评估细则》。

各融合学校建立融合教育教师工作质量考核评估小组,

以学期为单位全面负责本校融合教师工作质量考核评估。融合教育教师工作质量考核评估结果计入教师年度绩效考核。《融合教育教师工作质量考核评估细则》主要包含两级指标：一级指标有 5 项，分别是教育教学、资源室辅导、家校联系、专业发展和特色加分；二级指标有 23 个细项。整个考核细则从教师的集体课堂、资源教室支持辅导、家长支持、个人融合教育专业成长等方面，通过访谈、问卷调查（查晨会、班队会记录、教案查辅导记录与学生作业）、现场听课等形式，对融合教育教师进行可观察、可量化的考核评估。

各校参照《融合教育教师工作质量考核评估细则》，结合本校教育教学实际进行有温度的考核，既规范了融合教育教师的教学行为，又提高了融合教育教师工作积极性。

融合教育学校彭镇小学主管融合教育的副校长这样谈融合教育教师的考核："以前我们不知道该如何考核评估融合教育教师的工作质量，只是凭印象给老师分数，导致不能客观真实地反映他们的工作质量。融合教育老师们的工作得不到认可，导致其参与融合教育工作的积极性不高。现在在《融合教育教师工作质量考核评估细则》的指导下，根据学校实际进行适当调整，我们就能比较客观公正地对融合教育教师工作质量进行考核评估。通过考核也让老师能找到自身在融合教育教学工作中的不足。"

对特殊需要学生的多元化评价

基于特殊需要学生学习质量的考量，普特教资源教师和班级教师的联合研讨,制订了《随班就读学生学习质量综合评价方案》,其具体内容包括指导思想、评价内容、实施流程、工作要求。同时完善了随班就读学生个别化考核流程:制订考核目标→准备考核材料→确定考核方式→考试现场准备→实施考核→考核结果分析→形成综合评价报告(随班就读学生学习质量报告书)。随班就读学生学习质量综合评价报告主要包含特需课程考核结果、学科课程考核结果、关系融洽度综合分析、整体满意度等。

资源中心在随班就读学生学期期末考核上做了以下要求:

随班就读学校资源教室牵头制定随班就读学生期末考核具体方案并协调落实;随班就读教师要对随班就读学生进行学科调整性考试,并形成考核结果报告;资源室教师要对学生进行特需课程学习考核,并形成考核结果报告;资源教室牵头进行随班就读学生关系融洽度情况调查并综合分析;资源室教师要进行随班就读学生学习质量的家长满意度调查;资源室教师要收集随班就读学生各项考核结果并形成随班就读学生期末综合素质报告单;各随班就读学校资源室要向区特教资源中心提交随班就读学生考核相关材料,包含随班就读学生期末考核方案、随班就读学生综合素质报告单。各融合教育学校和资源室按照资源中心的要求开展特殊需要学生的多元化评价。在对融合教育学校进行随班就读工作目标考核时,学生多元化评价是非常重要的考核项目。

行政赋权，资源中心担当考核骨干

很多区县特殊教育资源中心在实际开展工作中畏首畏尾，究其原因就是没有相应的行政管理权，一线的学校认为双方是平级单位，不认同与执行区县特殊资源中心的工作部署。为解决这一难题，双流区特殊教育资源中心在工作推进中以中心职能发挥为突破口，获得区教育行政主管部门支持。一是区教育局明确规定融合教育的工作学年年度专项考核结果纳入普通学校学年年度目标考核，融合教育的工作开展是学校各项考核目标任务之一，占一定的考核百分比。（各普通学校年度目标考核结果直接影响学校年总目标考核等级和全体教职员工年度考核绩效。）二是每学年由区教育局发布的《区域特殊教育考核评估方案》中明确指出考核组副组长由区特殊教育资源中心执行主任和办公室主任担任，5个考核小组的25个成员中，区特殊教育资源中心的专业人员占比为50%，为区特殊教育资源中心在考核评估中提供专业考核评估意见奠定了坚实的基础。以上两个措施促进了区特殊教育资源中心在区域特殊教育考核评估中行政赋权的实现，进而担当起区域特殊教育考核评估的重要职能。

区域层级考核评估体系

双流区在提升区域整体融合教育质量中，以融合教育专项考核评估为抓手，以区特殊教育资源中心考核、普通学校融合教育考核、融合教育教师考核、特殊需要学生考核及融合教育课堂考核构建了区域特殊教育专项考核评估体系。区教育局负责全域考核评估与专项考核评估;区教育局直接考核区特殊教育资源中心;区教育局牵头,区特殊教育资源中心协助开展普通学校融合教育工作专项考核;区特殊教育资源中心督导各二、三级资源教室做好校本融合教育教师、融合教育学生、融合教育课堂等考核评估工作(详情见图6-1)。

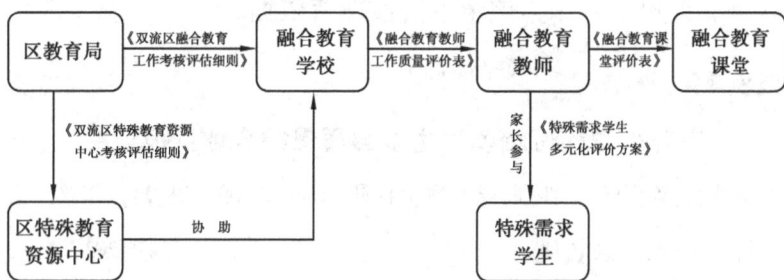

图6-1　成都市双流区特殊教育工作考核评估体系

区域考核评估——组建全区融合教育考核评估组,于每年9月,依据《双流区特殊教育资源中心考核评估细则》和《双流区融合教育工作考核评估细则》,分别对区特殊教育资源中心和全区各普通学校融合教育工作进行现场考评,考评结果分为一、二、三等,纳入义务教育阶段各学校年度目标考核范畴,同时作为各校融合教育工作奖励性经费的拨付依据。

校本考核评估教师——各普通学校将融合教育工作纳入本校绩效考核范畴,详细制订本校融合教育教师工作考评办法,从教育教学、资源室辅导、家校联系、自我发展、业绩加分等方面对本校融合教育教师工作进行综合考评。

校本课堂考评——融合教育课堂质量是整个融合教育质量的重要组成部分。为规范、引导良好的融合教育课堂,资源中心指导随班就读教师,在课堂教学实践中,逐步完善融合教育课堂教学评价标准,以此规范融合教育课堂,提升教学质量。

特殊需要学生考评——对于特殊需要学生,我们提倡多元化的评价方案:过程性评价与学期总结性评价并重;学业成就评价与潜能发展评价并重;教师评价与家长评价、学生自评并重。评价结果作为该生下阶段教育依据。

范例1:

东升小学随班就读学生学习质量综合评价报告书

学生姓名:陈同学　　性别:男　出生日期:2009.03.09　班级:一年级二班
报告书填写人:张老师　　　　　　　　　　　日期:2017.1.13

学习质量领域	考核内容	评估方式	评估时间	评估人	考核等级
特需课程	社交互动课	问答、情境评估	2017-01-12	张老师	优
学科课程	学科语文	试卷作答,协助	2017-01-13	叶老师	良
	学科数学	试卷作答,协助	2017-01-13	王老师	良
社交融洽度	同伴融洽度	观察、访谈	2017-01-10	邹老师	良
	师生融洽度	观察、访谈	2017-01-10	邹老师	优
整体满意度	学生满意度	访谈	2017-01-10	蔡老师	很满意
	家长满意度	访谈	2017-01-10	张老师	很满意

考核结果综合分析:

1. 特需课程

本学期通过社交互动课程训练,该生的社交互动认知与技能明显提高,对打招呼、作自我介绍、要求参与活动的情境理解能力增强,能较自如地在这三种情境中主动用目标口语与人互动,且能够迁移到社区环境中,目标功能性口语行为掌握达到80%(10句中正确表达8句)。

2. 学科补救课程

学科语文:通过学科目标调整后,个案的考核目标进行了降低,在目标之中,随班就读学生的识字正确率达到85%,写字正确率80%,词语运用正确率75%,阅读正确率82%,写作水平60%。

学科数学:物品归类正确率90%,20以内数字书写正确率80%,解决问题正确率75%。

3. 社交融洽度

同伴关系开学初比较糟糕,该生不知道分寸,经常误伤同学,其他同学对该生比较害怕,班级教师对学生的评价也较低。随着社交课程的介入,该生的社交认知和行为都进步很大,另外,资源教师进行了班级融合教育知识宣传,班级教师和同学对学生的障碍特点、他的优点也进行了较全面的认识,他们逐渐觉得该生是一个单纯可爱的小朋友,并且很有自己的主张,画画和打乒乓球都比较好,随班就读学生的同伴关系和师生关系都变得越来越好!

4. 整体满意度

该生在开学初期比较害怕老师,也害怕上学,随着资源教室的介入,学生的自信心越来越高,也喜欢和同学一起玩,喜欢上课,尤其是资源教室课程。家长的整体满意度也逐步提高,对资源教师、班级教师、该生同学、其他家长的接纳和付出表示感谢!

家庭辅导建议:

1. 加强亲子阅读;

2. 加强社交沟通训练;

3. 运用游戏的方式加强生活数学的家庭训练,如点数、分类等。

范例2：

特需课程考核活动记录表

（2016—2017 学年上期）

第 18 周

功能室	语训室 3	训练时间	2017.01.03
训练教师	张老师	个案	蒋同学
训练目标	一、词汇命名（占 30%） 　1. 社交词汇 　我、你、要、不要、请帮忙、谢谢 　2. 食物 　薯片、糖、苹果、香蕉、饼干 　3. 玩具及活动 　手机、泡泡、书、画画 二、组句表达（占 60%） 　1. 我要画画 　2. 我要唱歌 　3. 我要玩手机 　4. 我要玩球 　5. 请帮忙 　6. 谢谢 　7. 你唱歌 　8. 你画画 三、迁移类化（占 10%） 　1. 命题：我要吃糖 　2. 主动表达要求			
活动内容	一、词汇测试 　我、你、要、不要、请帮忙、谢谢、薯片、糖、苹果、香蕉、饼干、手机、泡泡、书、画画 　测试结果：错 1 个 二、组句表达 　1. 我要画画 　2. 我要唱歌 　3. 我要玩手机 　4. 我要玩球 　5. 请帮忙 　6. 谢谢			

活动内容	7. 你唱歌 8. 你画画 　测试结果:全对 三、迁移类化 　1. 命题:我要吃糖 　2. 自主表达要求 　测试结果:全对
测试结果	词汇命名正确率:93% 组句表达正确率:100% 迁移类化正确率:100% 总正确率:97.9% 考核等级:优秀 备注:(60%为及格,60%~85%为良好,85%以上为优秀)
活动反思	通过本学期的教学,个案取得了以下进步: 　1. 个案在社交词汇的认识上得到很大提高,从一开始不理解这些抽象词汇到目前仅对谢谢理解深刻。 　2. 个案的主动要求动机显著提高,最初不愿意表达到现在积极表达要求,且喜欢上个训课。 　3. 个案的平均语句长度提高,从开始的单词和词汇到现在的完整句表达。 　4. 个案对沟通辅具的使用熟练度逐步提高,基本掌握了词汇构句的动作过程。 　5. 个案表达要求的类化效果较好,能主动表达没有教导的句子,如我要吃糖。 教学中的思考: 　1. 进一步加强个案在其他环境的需求表达,个案目前只喜欢在家庭和个训课上表达,其他环境主动表达虽有改进,但仍然较少。 　2. 词卡、沟通板、iPad语音输出板和PECS沟通板的教学各有优势,怎样有效地发挥他们各自的优势是值得进一步探讨的问题,在教学中发现:词卡在进行词汇教学时效果较佳,沟通板在熟悉整体词汇板的效果较佳,语音输出板的语音反馈对个案纠正发音及激发学习兴趣上很有帮助,而PECS板在构句教学上效果较好。 　3. 下学期进一步介入应考虑的问题:扩大沟通的范围,包括打招呼、引起注意、主题式对谈等。

范例3：

辅助沟通特需课程学生评价报告单

学生姓名：蒋同学　　学习阶段：2016—2017年上学期　　学习等级：优秀

学期辅助沟通介入目标

一、学期目标

通过辅助沟通介入来提升其沟通有效性，减少情绪行为，增进其生活适应能力。具体如下：

1.增进个案功能性词汇沟通运用能力，具体形式包括口语和图卡；

2.扩展个案平均语句长度，具体形式包括口语和沟通板的句式；

3.增进个案沟通互动能力，包括沟通动机的提升、沟通技能的提升、沟通情境的迁移等。

二、教学实施步骤

1.沟通需求调查、一日活动调查分析、增强物调查。

2.沟通主题的确定，设计出沟通主题和沟通板。

3.单元功能性词汇教学，根据沟通板进行相应功能性词汇教学。

4.沟通句构教学，根据沟通板创设沟通情境进行句构表达练习。

5.自然情境沟通教学，将沟通板进行活动迁移，如沟通对象的迁移、沟通情境的迁移。

沟通主题：表达要求

设计思路：根据个案的增强物调查、沟通需求调查、一日活动分析，个案目前喜经常食用的间餐为饼干、面包、牛奶、苹果、橘子、香蕉等；喜欢的活动主要为玩手机、画画、看书。可以创设系列的沟通主题让个案学会正确地表达要求。

目标：扩充词汇、扩大句长、增强表达主动性、加强相关活动技能

单元一：我要画画（要求5种颜色的水彩笔、蜡笔和纸；要求画水果和动物）

单元二:我要吃(要求水果和零食)

单元三:我要玩(玩手机、画画、看书、玩球等)

期末考核题目:

1.词汇命名(占30%)

(1)社交词汇——我、你、要、不要、请帮忙、谢谢

(2)食物词汇——薯片、糖、苹果、香蕉、饼干

(3)玩具及活动词汇——手机、泡泡、书、画画

2.组句表达(占60%)

(1)我要画画　　(2)我要唱歌　　(3)我要玩手机

(4)我要玩球　　(5)请帮忙　　(6)谢谢

(7)你唱歌　　　(8)你画画

3.迁移类化(占10%)

(1)命题:我要吃糖

(2)自由表达要求

测试结果:

词汇命名正确率:93%　　　组句表达正确率:100%

迁移类化正确率:100%　　　总正确率:97.9%

考核等级:优秀

备注:(60%为及格,60%~85%为良好,85%以上为优秀)

学习效果评价:

通过本学期的教学,学生取得了以下进步:

(1)个案在社交词汇的认识上得到很大提高,从一开始不理解这些抽象词汇到基本掌握93%;

(2)个案的主动要求动机显著提高,最初不愿意表达到现在积极表达要求,且喜欢上个训课;

(3)个案的平均语句长度提高,从开始的单词和词汇到现在的完

整句表达；

（4）个案对沟通辅具的使用熟练度逐步提高，基本掌握了词汇构句的动作过程；

（5）个案表达要求的类化效果较好，能主动表达没有教导的句子，如我要吃糖。

寒假家庭辅导建议：

（1）继续加强学生需求的主动表达，包含食物表达，活动表达；

（2）加强与孩子的沟通互动，亲子聊天、讲故事等；

（3）加强孩子与亲戚、朋友及小朋友之间的社交沟通互动。

个训老师签名：＿＿＿＿＿＿＿

融合教育年会与表彰先进

2018年1月18日上午，成都市双流区融合教育工作年会如期举行。会议由成都市双流区教育局主办，双流区残联、双流区民政局、双流区卫计局联合协办，双流区特教资源中心和双流区实验小学具体承办。

融合教育年会是双流融合教育工作的年度盛典。今年的融合教育年会以"政府主导、部门联动、教康整合、全面提升融合教育质量"为主题，由区教育局小教科副科长主持，四川省特殊教育专委会秘书长致开幕辞，双流区教育局、残联、卫计局、民政局、研培中心、特教资源中心、幼儿园、中小学校单位的代表，及社会其他关心、支持特教事业的爱心人士等250多名行政、专业人员参加。

在本次年会上，双流区特教资源中心执行主任就双流国家级特殊教育改革实验区成果进行了总结汇报；区特殊教育资源中心办公室主任做了资源中心工作汇报；区融合教育学校中的优秀代表——实验小学、彭镇小学、双流实小（东区）、东升一中等学校的校长，分享了他们在校本推进融合教育过程中的优秀经验、做法；区特教资源中心教师分享了保障极重度障碍孩子受教育权利的送教上门工作的经验、策略；区残联康复站站长分享了教康整合理念下，区残联为身心障碍孩子提供的康复专业支持方面的经验、做法。全面突出了"部门联动、普特融合、教康整合"的融合理念，切实展现了双流区政府主导下，部门联动、教康整合、融合教育遍地开花的丰硕成果。

随后，双流区教育局对 2017 年融合教育工作突出的 11 个先进单位——区特殊教育资源中心、双流区实验小学、双流区彭镇小学、黄龙溪学校、胜利小学、双流实小（东区）、黄水小学、公兴小学、东升一中、棠湖中学实验学校、东升二中——进行了表彰。这是双流区首次以如此隆重的方式集体表彰本区域的融合教育先进单位。令人欣喜的是，这种表彰将成为一种常态，在今后每年度的融合教育年会上，教育局都将会对当年度的融合教育先进学校进行嘉奖。

双流区融合教育先进单位表彰机制的建立，引得不少特教同行，尤其是融合教育支持保障体系相对薄弱地区的同行羡慕不已。大家都明白，年会中短短几分钟的颁奖仪式，代表的却是教育行政部门的高度重视，是科学完善考核评估机制以及区域积极融合教育的风向。而这距离双流推行融合教育的 2007 年已经过去了整整 10 年。回想这 10 年，我们几乎走过了现今同行遇到的每一段艰难历程。

特教人都知道，从专业的角度，以特教学校为骨干、融合教育为主体的特殊儿童安置模式，更有助于特殊孩子将来融入社会，享受有质量的生活，但是要从传统隔离的安置方式自然发展，过渡到融合教育，无论从大众观念、专业师资储备还是从整体保障体系来看，都有很长的路要走，并且远远长于中华人民共和国成立后我们特教发展所走过的路。因此，我国的融合教育不是特殊教育自然发展、成熟的产物，而更多的是经过科学的顶层设计后，进行的国家意志的行政推动的结果，这就意味着，政策的具体落实必定困难重重阻碍甚多。我们需要区域教育行政管理者的大力支持，但是管理者们也对融合教育知之甚少；我们需要普通学校老师对特殊孩子的真心接纳，但是普校教师说他们不懂特教，特殊孩子的教育就该是特教学校的事，他们实在爱莫能助；我们需要普通学校孩子的懂事体贴，但是这些还未长大的孩子更像是在看稀奇；我们需要普通学生家长的理解包容，但是家长们联名抗议特殊孩子扰乱课堂秩序；我们还需要特校师资的专业担当，但是特校老师说，他们大学也没学过融合教育………大家都一样，所有的难题，我们一个都没少。只是我们相信，行在远方，路在脚下；只是我们相信，为了孩子好，能走一步就是一步。所以，特教学校的这批人，以转变大众观念为起点、目标，从做说客开始，校长游说教育局领导、普校校长，骨干教师游说一线教师、孩子家长。当游说显现成效，说客的角色慢慢淡去后，专业性才能被提上日程。

　　而专业性也远比我们想象的复杂,它体现在融合教育的各个环节。特殊孩子的评估安置、个别化教育计划的制订与实施、课程实施与评量、资源教室的建设与运作等。对区域融合教育整体推动而言,最重要的是考核评估。考核评估是行政管理,是督促各校切实落实各项政策要求的必要手段;考核评估更是专业引导,它告诉所有的实践者、执行者,在当前阶段,融合教育工作的关注重点是什么;考核评估同时也是保障教育均衡、起点质量的基本措施,它让每个学校都不至于落得太远。考核不是目的,找出前进方向和着力点才是目的。因此,融合教育考核评估的具体内容也在不断变化,从推行之初的"参与就过关",到组织管理、队伍建设、资源室建设、资源室运作、教育教学"一个都不能少",再到如今的年度考核与过程性督查的结合,完善的是方式,进步的是内容,收获的是质量。

　　2017 年,国家明确指出"大力推动融合教育",同时强调"融合教育的主体是普通学校,区(县)政府要建立部门合作、联动服务的工作机制,以实现小康路上残疾人一个都不能少的目标"。在这样的大背景下,双流区融合教育先进单位表彰机制的建立,展现了双流区政府纵深推进特殊教育事业的阶段性成果,以及在新时代砥砺奋进、高质量可持续推进融合教育深度发展的强大决心。

第七章　资源中心下设的特教实验学校

从临床示范里走出来的骨干

直面真问题，探索新路径，走出新格局

在我国特殊教育发展历史上，特殊教育学校在解决残疾儿童受教育问题、提高残疾儿童素质上功不可没。"十二五"以来，我国基层特殊教育学校数量急剧增加，现今全国仍有两千三百多所特殊教育学校发挥着重要作用，是特殊教育的主战场。

在评价普通中小学的教学质量时，社会大众通常看学校的升学率、重点大学的录取率。然而在说到特殊教育时，除了对特教老师的爱心和奉献表示赞叹之外，人们还不知该如何科学评价特殊教育学校的教学质量。

2014 年起，国家、省、市、区纷纷出台系列促进特殊教育发展的政策法规及策略措施，人们对特殊教育的质量有了更高的追求。2014 年国务院办公厅转发教育部等部门《特殊教育提升计划（2014—2016 年）》的通知；2016 年，教育部正式颁发特殊教育学校盲、聋、培智教育课程标准，全面推进特殊教育教学和评价改革;2017 年,新修订后的《残疾人教育条例》公布;随后,教育部等七部门联合印发《第二期特殊教育提升计划(2017—2020 年)》。这些文件法律法规的出台,为特殊教育课程建设、教材开发、监测评估等方面提供了政策保障和专业导向,传统的特教学校无可回避,必须用"质量"说话。

如何提升办学质量? 在国家各行各业都在大力进行机制体制的改革大环境下,特教学校也应顺应时代洪流进行机制体制改革。双流特教人率先走出了这一步,在十年融合教育实践的基础上,积极促成特教学校职能翻转成为区域特教资源中心,将传统的特教学校作为资源中心下设的实验学校,将实验学校定位为"提升办学水平,担好骨干角色,孵化专业成果"。短短的 18 个字,特教人实践起来下了一番硬功夫,勇于啃"硬骨头",在实践中积累和传递专业力量。"先开枪,再瞄准",不靠不等,有多少经验,我们做多少事情,在做中调整方向。这个过程,我们行了许多路。

2007 年以前,原特教学校的生源以聋生为主,培智班只有三个,办学学段局限在九年义务教育阶段。学校依据《聋校义务教育课程设置实验方案》和《培智学校义务教育课程设置实验方案》开展教学活动,使用的教材是 1992 年人教版聋校和培智学校教科书。教材老旧,课程单一。学校教师绝大多数为普校转岗教师,对各类特殊儿童的认识并不充分。聋生升学率普遍不高,初中毕业考上高中的寥寥无几,初中职业教育仅限于手工、蜀绣、家事技能。培智学生以能力分班,能力较强的学生调入两个常规教学班学习培智教材,能力较差的学生则以居家生活和自我照顾为主,个别化教育计划等同于学科教学计划。那个时候,我们的课程概念是模糊的。

随着 2007 年双流区随班就读工作的全面铺开,区域内以"特殊教育学校为龙头,普通学校随班就读为主体"的特殊教育发展新格局正在形成。经过特教专委会评估建议,区域内轻中度残疾儿童、少年就近入读普通中小学,中重度残疾儿童、少年入读特殊教育学校,区域内逐步实现了残疾儿童、少年的零拒绝。随着随班就读工作的推进,特殊教育学校和普通中小学的生源开始产生巨大变化。

一方面,在特教学校,培智部新生招生遇到大考验,多重障碍的重度残疾学生开始进入学校,有些残障病因极为罕见;听障学生经过早期聋儿语训大多进入普通学校随班就读,聋生部生源持续减少,聋生班级断层。

另一方面,在省级课题《特校资源中心引领区域随班就读质量提升》的研究中,通过特殊教育学校的特教资源中心,主动引领辐射区域内五个普通学校建立片区二级资源教室,各个片区的普通学校在资源中心的间接支持和二级资源室的直接协助下成立三级资源室。普通中小学中资源室的成立助力越来越多的轻中度残障学生就近进入普校随班就读。普校在完成了资源室的硬件建设后,迎来了为随读生个性化课程设置的"软件建设"难题。特校骨干教师成为资源中心的巡回指导教师,深入各随读学校、二三级资源室、随读班级、随读生家庭开展支持服务。

在生源改变、服务对象发生变化、服务区域不断拓展、服务内容不断延伸的情况下,深入融合教育情境,老师们才知道自己功力有多深。事实也是如此。2011 年以后,每年的培智新生,障碍程度更重、障碍类别更为复杂,老师们应如何应对?虽然聋生数量减少,但聋生的高中职业教育需求更加强烈,职业教育应走向何方?在就近入学和零拒绝的背景下,轻中度甚至个别中重度心智障碍学生进入普校,普校对特教专业的需求从被动走向主动,普校的师生家长都在评判着特教学校的功力,随读生的课程应如何调整?情绪行为问题应怎样处理?这些疑难问题特教学校是否能用专业手段解决?2015 年将极重度残障学生的送教送康上门摆上日程,如何确保这些孩子也能享受双流的优质教育?心智障碍学生的学前与高中职业教育的需求日益增长又该如何满足?一个接一个问题都摆在我们面前,我们主动迎战,主动发起改革。特教学校具有开展教育康复实验的天然优势,必须以科研精神、改革精神来重新审视工作,担起骨干角色,撸起袖子加油干,将专业力量在区域中孵化,让更多儿童和家庭受益。

深耕慢种,人人示范,星火燎原

改革在探索中前行。2014 年起,实验学校依托区特教资源中心,链接专家、普特专业教师、学生疑难个案、设施设备等资源,在校内两个学部进行课程改革的探索。课程改革离不开教师团队,在课程改革中,教师的专业发展蓝图也顺势展开,一批教师渴望在某一领域精深钻研,这也为日后项目组的筹备系上了坚实的情感纽带。

改革必然艰难，不可能一蹴而就。为了打破原有特教学校的"养老"模式，我们走了很长的一段路。改革给团队中的每个人都带来了巨大的压力。改革团队的组建，团队凝聚力的形成，我们对此都做了大量的工作。为了打破老师只管好自己的"一亩三分地"的传统，实验学校通过"内促外引"的方式帮助教师实现专业翻转，每个老师都需要在资源中心、教师发展中心的指导下确定自己的五年发展规划和第二专业发展方向，教师发展中心根据老师们的规划为老师们组建团队，引进专家，组建项目组，专家引领项目组服务个案，开展个案临床实践，精心培育项目组。专业老师人人做个案，项目小组集中研讨重点个案。实验学校的专业功底就是在"做—研讨—反思—做"中不断积累，螺旋上升。个案全管理和项目制个案分段管理的经验让专业老师都能独当一面，侃侃而谈。

2016年，知觉动作小组率先成长起来，随后辅助技术小组也迅速成熟起来，情绪行为小组、奥尔夫音乐组也在努力自我成长中。有了专业，也就有了底气；有了专业，也就有了更多的话语权；敢于面对疑难杂症，敢于示范，敢说敢干。

三年来我们在实验学校内取得了一些成果。这些成果又在融合情境下通过小组分片区的定点指导得到了应用和检验，实验学校依托这些临床实践，很好地担起了骨干任务，也将专业辐射到区域融合教育学校，通过多种方式播下融合教育理念和操作的种子。

在巡回指导中，区级资源中心（一级资源教室）的巡回指导教师由实验学校骨干教师担任，包括了听障、智障、脑瘫、多动症等常见障碍类型的专业教师,他们在长期的特殊教育教学中积累了大量的康复训练技术及处理特殊儿童问题行为的实践经验。巡回教师根据自身主攻方向,轮流为随班就读教师带来具有很强实践操作性的专题讲座和工作坊 60 余场,如《脑瘫儿童康复训练》《多动症儿童康复建议》等,参培教师达 2 000 余人次。为普校教师提供直观的特殊儿童教育教学、康复训练技巧展示,由特教优秀骨干教师上示范课,普校教师"眼见为实"地了解特殊儿童的心理特点、教师常用的教育技巧、个别化训练方法等,有利于他们在实际中领会、深化理论。专题工作坊、示范课满足了随班就读教师专业发展的个性化需求,也孵化了实验学校临床实践得出的专业成果。

虽然双流的融合教育开展较早,走出了"1+5+N"的双流模式,但事实上融合教育学校如何将随读生的个别化教育计划扎实做好是一个艰苦的过程。这个做好不是停留在为了参观、为了检查、为了放进文件袋里,而是切切实实根据学生的需要,为学生量身定制。作为专业担当的实验学校必须拿出范例。于是,1 个巡回教师结对指导 1 个普通学校教师,共同跟踪 1 个随读学生个案,从个案的评估、个别化课程的设计与实施、课程评量着手,共同探讨提升随读生学习质量的方法、途径及策略,在普校学科教学知识技能与特校教康整合专业知识技能的碰撞中促进教师团队的普特教专业整合能力,进而提升服务随读生的教康专业支持能力,形成了"1+1+1"结对研究的模式。

双线支撑的"慢美"课程

当前,就特殊教育学校发展而言,因地制宜形成独特的学校文化和应特殊学生需求建构富有生命力的学校课程是提高特殊教育质量、办好特殊教育的重要抓手。

2014 年起,成都市双流区义务教育阶段学校课程建设全面铺开,从教育局、研培中心到各学校都积极行动起来,一场从理论研习、专家把脉、教学实践、交流分享、考核评估的课程革命,开启了双流区各学校课程建设的新征程。同期,国家、省、市、区纷纷出台系列促进特殊教育发展的政策法规及策略措施,全国上下掀起了特殊教育课程改革热潮。其实早在 2009 年,双流特校全体教职工就开始对学校文化进行座谈讨论、走访调查、总结提炼、系统构建,于 2013 年形成了学校"慢教育"文化行动纲领,开启了学校发展的新一段辉煌里程。而课程作为学校文化的核心要素和关键表达,我们在国家特殊教育相关法规、政策和文件精神引领下,通过校本全员全系统探索实践,构建了系统的适合每一个学生发展的"慢教育"课程体系,形成了具有校本特色的慢教育课程实施策略,促进了学生个性化成长、教师专业化发展,促进了实验学校走上内涵丰富、品质卓越之路。

从 2014 年到现在,四年的探索,课程发展中心完善了以下方面:从个案教育诊断开始,到个别化教育计划制订,班级教学目标的整合,单元主题目标的确定,班本教材编制,课程实施到课程评量的学校课程实施全流程;编制了学生课程评量目标体系;构建各流程行政管理策略和专业操作规范。学校成立了以校长为组长,课教处主任、德育处主任、资源中心主任、安全主任、教研组长、班级教学首席执行教师一体的"行政+专业"课程建设工作小组。建立了包括《课程建设推进办法》《行政蹲班巡课制度》等 21 项行政管理要求,以及《个别化教育计划的制订与实施流程》《班级教学目标设计规范》等 6 大领域 12 项专业操作流程和规范,以求各部门职责明确,运作流程规范,课程有效实施,全面进行课程目标管理、内容管理、时间管理、资源管理等。并建立了学校、家庭、社区联动机制,引导家长、社区理解、支持和参与学校课程建设,达到良好的互动合作效果(具体见图 7-1)。

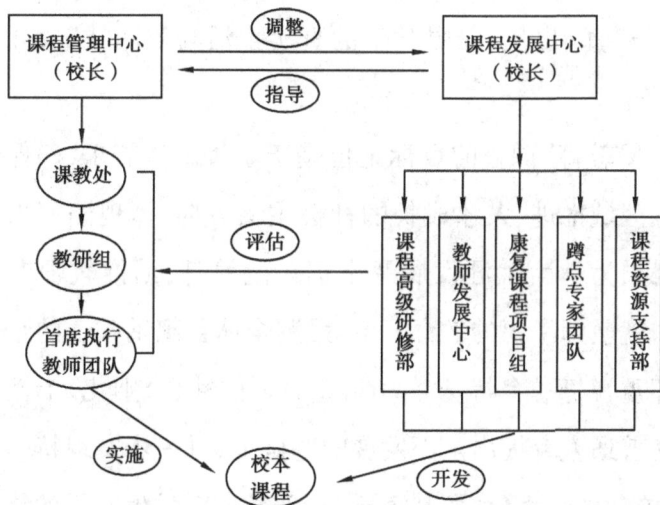

图 7-1 "行政+专业"的校本课程管理

依托学校文化而构建的"慢教育、真人生"课程体系,以"最近发展区"理论为指导思想,遵循学生身心发展规律,着眼现有水平，为学生提供适切的教育内容，发展其潜能，超越其最近发展区而达到下一发展阶段水平。"慢教育"强调支持，主张学校与教师是学生的忠实支持者、积极帮助者和引导者。

"慢"是基于"教育对象"特殊儿童的现实"慢学习、慢发展、慢生长、慢成长"；是基于"教育内容"的"慢任务、慢要求、慢内容、慢标准"；是基于"教育主导"的"慢教育、慢教学、慢培养、慢引导"。

"真人生"则强调学生主体地位，强调提高学生的生活能力与生活品质，为学生提供探究知识、体验生活、养成良好习惯与行为品德的机会与权力，获得"真体验""真经历""真收获"的教育经历，实现"真成长"，收获"真人生"。

"慢"是指教育的过程，"真"是教育的结果。课程建设从"慢"与"真"出发，着眼学生的真实生活与实际情况，开发校本课程。

"慢教育"课程的目标定位基于学生个体需求，确保学校办学、区域推进、人才成长的社会主义方向，体现国家人才培养目标，为学生生涯发展及幸福人生奠基，助推教师专业发展，成就教师幸福的教育人生；强调全体普惠基础上的个体特需，即重视每一个特殊教育儿童的个体性、个别化、个性化要求，在普通教育提出全面发展的基础上，进一步实现特殊教育因材施教的最大化；尤其突显"特殊教育对学生发展的终极性关怀"，促进学生在"慢教育"旅程中获得学校教育基本知识、基本技能的同时，更加重视学生日常生活、职业技术技能、个体特别需求的特殊慢教育，从而实现"真人生"的发展。具体体现为:尊重生命,满足差异,立足校本,放眼区域,实现立体化育人目标,帮助学生回归生活,享受有尊严的生活品质。

　　经过漫长的摸索,慢教育课程现以集体课、小组社团课、一对一训练课、社会实践课等多种形式开展。集体课以原生班级为单位,本班教师包班授课的形式,包括全部慢文化课程,慢生活课程中的部分课程。小组社团课程包括蜗牛小当家、蜗牛智慧宫、蜗牛艺体苑和法律小课堂4门课程,合计18个小组。每周五下午,教师根据特长进行开班,学生依据特长兴趣和发展需求自主选择开设的特色走班课程,包括自我照顾、居家生活、社区体验、兴趣特长培养、技能实训等。另外,针对区域普特融合需要开展的普特融合夏令营活动,让学生们根据兴趣爱好一起学习,提升普通学生的理解和支持。一对一训练课程根据对象分为在校康复个训课和送教上门课。目前,发展起来的康复训练项目有:学前聋童的听觉言语训练、物理治疗、音乐治疗、言语治疗、知觉动作训练、心理辅导课程,能为学生提供不同的服务。采取长短课相结合的模式进行排课,不仅有利于课程设置、开展,同样也贴近学生对不同课型的学习需求。社会实践活动是特殊学生走出学校感知社会的课程,包括走进菜市场、走进普通学校、走进机场、走进银行、走进医院、走进超市、走进景区等,让学生体验社区参与的快乐,并掌握社区参与的相关知识。

　　同时,为了匹配3类课程的开展,课程发展中心还对不同课程的课时进行了调整。培智部偏基础知识和基本技能为主的学科课程,设置为40分钟;偏生活适应的核心课程课时为

30 分钟；还有专门为培智学生适应生活开设的餐点课，设置为 20 分钟；聋生部学科课程以分班的形式开展小课学习，兴趣、特长及职业教育课程采取以学段为主的大课走班方式安排课时，既确保各学科课程落实又兼顾全体和照顾个体。

为进一步完善特殊教育专业服务体系，精准、个性化服务双流区每一名残障儿童、少年，为他们提供品质卓越的集学前、小学、初中、高中于一体的特殊教育服务，促进每一名残障儿童、少年更好地居家生活、适应社会、进行社区实践，确保区域残障人士能更好地融入主流社会，以持续提升其社会生活品质，2016 年至 2018 年，实验学校建成了生活技能、家事技能、种植、饲养、康复训练等教学体验与实训基地，统合周边资源建立起包含银行、超市、电影院、菜市场、饭店、社区在内的实践基地 12 个。

基于国家课程标准的出台，以及学校社区实践基地的建立，学校建立了"1+1+N"模式开展社区综合实践活动，以月主题为中心，结合学校课教处与德育处，结合教研组与班级首席教师，结合家庭与社区，按照一定的节奏，组织学生开展社区综合实践活动课程，提高学生社会实践参与度，增强学生从综合实践活动课程中取得的实效。第一个"1"，是指以学校为单位，每学期 1 次的大型社区综合实践活动。活动由学校课教处和德育处组织，全校学生、教师、家长共同参与，在成都市范围内的动物园、海洋馆、博物馆、陶艺社等场所，开展综合实践活动。第二个"1"，是指以班级或教研组为单位，按照每月的教学单元主题，到 12 个社区实践基地，开展与之相对应的小型社区综合实践活动,用以将本月的课程内容放到社区进行实践,增强学生对知识的运用能力。"N"是指以学生家庭为单位,按照每月教学单元主题,随时随地开展微型社区综合实践活动,家长带领学生到就近的 12 个社区实践基地,或者就以自己生活的社区为主阵地,高频率地体验社区生活。家长变为了课程的组织者和引导者,发挥家长对学生社区课程学习的支持作用。"1+1+N"的社会综合实践课程模式也在实践中不断完善。

在探索建设义务教育阶段课程的进程中,我们始终在思考残障人士的生涯发展需要。因此我们一直在探索学前教育、职业教育。2014 年起,实验学校与电子信息技术学校联合办学,聋生职业教育有了新突破;2018 年,特教学校开始积极探索身心障碍学生的高中职业教育,对象包括特校直升的 9 年级毕业学生和区域内回流的融合教育高中生,帮助其持续升学、习得职业技能、回归家庭生活。在义务教育阶段"慢教育、真人生"课程的基础上,实验学校持续构建"慢教育、真人生"的职业教育课程,具体包括"慢文化""慢生活""慢支持"3 大课程板块,并在学校各项活动中全面实施。

"慢教育、真人生"课程的开发和完善丰富了双流区课程建设的经验,为区域内各类随班就读学生的学科课程调整、特需课程建设提供了蓝本,为双流区资源教室"两类五大课程"的形成提供了实践支撑。"两类"即根据随读生身心发展需求、普通班级教师、随读生家长、普通学生及家长诉求,建设的资源教室学科补救课程和资源教室特需课程。"五大"即听障学科补救课程、培智学科补救课程、听障随读生听觉—语言康复课程、培智随读生情绪行为课程、培智随读生社交互动课程。

在探索培智随读生的单元主题调整课程中，将学生的生活经验与学科知识进行整合，适当加重生活教育在调整性课程中的比例，通过将普通学校潜在的生活教育需求提炼出来作为调整后的单元主题课程的教学内容，在一定程度上将学科知识生活化，调整后单元主题课程会为将来学习、生活、工作的生涯发展储备应有的知识和技能。

特需支持课程的听障随读生语言康复课程根据听障生听觉技能发展水平及言语语言发展阶段，结合听障生身心发展特点，坚持在听觉言语语言康复与日常生活紧密结合的基础上，选用生活中的素材，编制成各级个训教材。在课程实施中，以一级资源教室巡回指导教师的专业培训、教学示范，指导二三级资源教室教师开展康复训练，探讨方案，反思教学等。同时，结合听障生听力语言评估结果，一起为听障生设置30～35次听障语言个训，每周组织开展两次个训活动（听障生个训时间由个训教师与家长商讨确定），每次个训活动时长40～50分钟，且前20分钟开展听觉技能训练，后20～30分钟开展语言训练活动，同时给家长布置家庭康复训练辅导作业，及时巩固听障生个训成果。

在培智随读生情绪行为课程建设的思路上，以应用行为分析（ABA）为教学取向，对行为问题解决顺序进行优先排序，选择亟须解决的情绪行为问题，依照个体需求进行环境的调整,逐步对个体进行情绪行为的阶段训练,最终使学生能自主管控情绪,减少行为问题,实现良好人际互动。在课程探索中,又将课程分为两个互相支持框架:情绪进阶课程框架和行为课程框架。情绪课程为进阶课程,学生在完全掌握前一阶课程后自动进入下一阶课程学习。行为课程则为平行课程,可以根据孩子目前最需要解决的行为问题选择合适的阶段课程进行,并配合相应的情绪课程,直到学生的情绪行为问题消减。

培智随读生社交互动课程是他们的现实需求,也是资源教室个别化的探索,在具体教学中形成了以下方式:社会故事教学、伙伴情境演练、视频反馈学习(家长参与)和家庭自主训练,根据社交沟通的内在维度及随读生需求现状形成了培智随读生社交互动课程单元。

听障随读生晶晶从这样的课程中受益匪浅。实验学校联合骨干教师、聋生语数学科骨干教师与该校资源教师进行课程调整,以晶晶为个案,共同探讨提升学习质量的策略。通过指导评估、召开个案分析会、拟订个别化教育计划、上示范课、与资源教师讨论等策略给予资源教师全方位支持。在课程实施初期,由实验学校教师深入该校先上示范课、资源教师观课、课后探讨,再指导资源教师设计课程、协同教学,最后实现资源教师独立上课。同时,做好对晶晶所在班级学科教师及家长的培训与指导,形成全面支持。经过两个学年的个别化教学与支持活动,晶晶各方面都得到了发展,学科学习能力进步明显:语文学科,阅读量得到丰富,理解能力得到提升,不仅能基于文本回答关于时间、地点、人物及事件的简单问题，还能提出自己的见解；数学学科，填空题和应用题的解题能力得到提升，正确率从40%提升至80%；掌握了一般听觉技能；通过特需课程的学习，晶晶的听觉记忆与理解能力从2个单元进步到5个单元，上课时能听懂老师所讲80%的内容；在日常学习生活中能与别人较流利地对话，基本能与人沟通。个性调整的补救课程、学科调整课程、特需课程让晶晶享受到了优质的融合教育。

慢美课程，因需而设，因人而异，因慢而美。

项目统整与服务全域

资源中心附属特教实验学校的骨干教师以项目制推动特殊儿童各领域的教育康复专业技术，以项目小组对口服务的方式为全域的特殊需要学生提供支持，专业项目小组的发动顺势而为。

中心办公室王主任是言语语言方面的先行者，她一直致力于早期聋儿语言训练。曾经"单打独斗"的王主任根据项目制广泛落地生根的情况，迅速组建了听力语言小组，并吸纳聋生部的老师进入小组，在学习中成长。小组每周有固定研习时间。研习内容包括理论学习、计划讨论、案例分享、干预策略、教学反思等，将理论与实践相结合，为区域内容有语言发展障碍的小朋友提供支持服务，拓宽了服务对象。

知动训练小组则源远流长，前身是动作治疗小组，依托重庆江津向阳儿童发展中心和重庆师范大学联合开办的动作治疗研习班，在系统学习全人疗育理论和实操的基础上由骨干教师组建。学无止境，动作治疗后来走向知觉动作康复道路，致力为区域内学前 3~6 岁的有需求的儿童开展知觉动作训练，解决入学前的问题。项目组聘请本专业专家，以购买三才儿童中心专家团队服务的形式，建立专家跟岗培训模式、师傅带徒弟研训模式，每周带领小组成员定期开展研习活动，通过"理论学习+评估实操+个案一对一"的模式，提升教师团队理论水平和专业实践能力。

辅助沟通小组与杨炽康教授结缘于 2014 年，学校选拔种子教师跟随杨老师系统学习辅助沟通理论和技术，项目组每周固定 2 课时进行集中研修，研修内容针对个案服务流程需求进行设定，包括计划讨论、案例讨论、干预策略讨论、研究反思、读书活动、成果分享等。为普及辅助沟通专业理念和实操技术，项目组对学校全体教师定期开展集中培训，不定期开展个案研讨，并将辅助沟通技术应用于有需要的随班就读学生。

情绪行为干预小组联动特殊教育资源中心适应性行为支持部、融合教育集团适应性行为支持部开展支持服务活动，主要为区域内严重情绪行为个案开展个训教学、为区域融合教育学校教师提供融合教育现场情绪行为问题处理方案、为情绪行为问题学生提供长期跟踪支持服务。

奥尔夫音乐治疗小组一方面研讨如何在常规教学活动中将奥尔夫音乐教学理念运用于课堂；另一方面，通过开展特色课、个训课等活动，开发校本课程资源，培养学生音乐特长，促进组内各梯队教师的专业成长。

一个个项目小组先后组建，并在实验学校开展个案研究活动。如何将这些小组的专业有效统整，更好地为全域融合教育发展服务呢？资源中心花了很多心思。学期初，资源中心就通过问卷调查、QQ交流、电话联系等方式，了解随班就读学校实际需求，结合教育局工作要求、资源中心工作安排，拟订学期巡回指导计划，通过学期计划与随班就读学校意见反馈相结合的方式确定周巡回对象（学校）、指导内容，拟订巡回指导方案，定期巡回，以解决个案发展的主要问题为导向，配备项目组专业教师跟进个案。

辉辉是1名一年级智障随读生，入学初，课间常推同学、扯同学头发。其他家长认为自己孩子在此班学习，人身安全受到威胁，要求学校把辉辉赶出本班。该校资源教室发现问题后立即研讨并上报，资源中心迅速组织情绪行为小组专业教师介入，针对辉辉的行为问题进行诊断评估，初步诊断辉辉的问题行为源自社交沟通能力的欠缺。于是，情绪行为小组联合辅助沟通小组与辉辉家长、学科教师、助学伙伴一起为其拟订社交介入计划为辉辉定期开展社交技巧训练。一学期后，辉辉不再推同学了，家长也能接纳辉辉参加各项活动了。

随读生月月是个脑瘫女孩，专业小组介入前，移动都需要他人协助，为了减少他人协助，月月在学校期间几乎不喝水以避免上厕所。学校普通的课桌椅对月月来说也非常不适用，肌张力的异常让月月很难维持端坐的姿势，经常滑下课桌，书本文具经常掉在地上。资源中心初步了解情况后，组织知觉动作小组介入,系统评估了月月的动作发展阶段和需求,为月月制订了简单容易操作的动作训练计划,并联合无障碍支持小组为月月配备了助行器,对原来的课桌椅进行了无障碍改进。现在的月月已经可以借助助行器自由移动了,课桌使用起来也更加方便。

单亲家庭的凯凯由爷爷奶奶照顾。在家很少做家务劳动,常常自己看英雄小说,喜欢看古惑仔电影、玩手机网游。上初中后不久就与班主任老师、数学老师和同学之间爆发了严重冲突,给老师取绰号,甚至扬言要伤害老师,认为除了语文老师之外,其他老师都非常严厉、心肠坏;突然打某个同学,或者突然掐某个同学的脖子,有时候会从背后去脱男同学的裤子。凯凯的这些行为严重影响了自己和同学的学习,以及班级正常的教学管理活动。学校一开始仅仅通过班主任德育工作对凯凯进行教育,但是毫无成效,如果凯凯的问题搁置会更加严重,必须及时处理。通过层级管理和疑难杂症直线咨询的路径,资源中心第一时间了解到这一情况。通过深入细致地观察走访,情绪行为小组深入分析凯凯的教育成长经历,"冲突"前后的关键事件,联合学校各层级行政开展相关人员的应急培训,让大家坐在一起心平气和地从人的发展来分析凯凯的教育需要,从行政支持、专业支持到家庭氛围调整每个方面,化解凯凯成长期的"心理社会冲突",建立正确的社会角色。学校行政松了一口气,老师松了一口气,更关键的是,凯凯的行为得到了更多的理解,类似的"凯凯"也让行政和老师们能以专业和发展的眼光来对待。

　　辉辉、月月、凯凯及更多的随读生从项目组的精准服务、多专业"会诊"中受益。

　　附属实验学校的知觉动作组、辅助沟通小组、听力语言康复组、情绪行为小组、奥尔夫音乐组形成了区域融合教育、教育康复的多专业团队本土专家库，与随读生教育诊断评估组、课程调整与开发组、特殊教育资源组织组共同构成了区域融合教育的精锐之师。这支精锐之师在区资源中心的引领下，通过 5 个片区的工作推进组分层级来推进区域随班就读工作。

第八章　普特联动的大特教研究

科研，是一种捷径

教育，不属于优势领域，更不属于优势行业，特殊教育则更没有什么优势。但等待开垦的土地并不意味着贫瘠，它往往还意味着机遇与无限的可能。只要播下种子，有阳光照耀，加上种植者悉心照料，往往会收获意外之喜，只是这照料的过程，实在需要莫大的勇气、决心与智慧。特教教师，包括需要面对特殊儿童的普校教师，在特殊教育这片还急需开垦的土地上，费尽心血、殚精竭虑，只为特殊孩子们能真正有所收获、有所成长。前人之路似乎也还不够坚实宽广，或者说特殊教育实在是个性化的艺术，面对孩子们那些非常态化，甚至并不友好的问题（特殊需要），我们很难找到直接可参照的解决方案。而与此同时，面对特殊教育快速发展的国际趋势、日益提高的国家要求、日渐精进的专业进程以及教师面对特殊孩子时本身的职业道德压力，特教人更是只能在荆棘中顽强拼搏，在迷茫中努力前行。我们多么渴望有一种策略或者说途径，能保证我们朝着正确的方向前行，能指引我们一步步地寻求到真理。

很幸运的是我们找到了科研。

实践也告诉我们，如果你无能为力，如果你迷茫踟蹰，请相信科研的力量，并勇敢地踏出科研的步伐。

2007年，双流区被成都市列为"十一五"期间建立融合教育（随班就读）支持保障体系的实验区县。这距离我国首个推行融合教育的地区建立，整整相隔20多年。所幸的是，同年9月，双流区人民政府出台了《关于推进特殊教育改革和发展的实施意见》《双流残疾儿童、少年随班就读实验工作方案（试行）》。在随后的3年时间里，双流区的融合学校从最初的5所试点学校发展到31所小学（实现了小学阶段的全覆盖）及14所初级中学。发展速度不可谓不快，推行力度不可谓不大，双流区人民政府追求平等、均衡、高质量的融合教育的决心显而易见。而作为区域内唯一的、特殊教育资源集中地的特殊教育学校以及特教学校里头顶"特教专业教师"几个大字的老师们，无论从政治使命、专业使命还是关爱特殊孩子的道德使命层面来看，都从一开始就注定，必将与区域的融合教育发展融为一体、密不可分。2009年，区教育局正式发文，在双流区特殊教育学校挂牌成立双流特殊教育资源中心，承担全区的融合教育业务指导。这份红头文件，也终于为特教学校这群"到别人学校指手画脚"的专业教师正了名。

只是，这所谓的专业教师，也不过是与普校教师对比的结果，我们对特殊孩子的认知心理特点更为了解，我们对特殊孩子的情绪行为问题更有办法，我们对特殊孩子的课程设计与实施等更有经验……但和普校老师相同的是，在此之前我们也不曾实际接触过融合教育,我们也不曾接受过相关系统学习,我们的高校特教专业课程里面,融合教育板块的内容,也只是蜻蜓点水………但是,我们能停下吗?我们能向对我们充满期待的领导、普校同行、融合学生家长说"抱歉,我知道得也很少"吗?答案是:不能。

所以,只能风雨兼程。只能一边实践一边学习一边反思,再实践再学习再反思,周而复始。这,不正是行动研究吗?

2010年,我们申报了全区第一个特殊教育省级课题《县域特殊教育资源中心运作机制的研究》,我们当时的想法很简单,就是想通过课题研究,弄清楚我们特教资源中心到底该怎么开展工作,怎么做才能履行好"区域融合教育业务指导"的职责。要知道,指导往往也意味着引领。为什么从一开始就奔着省级的目标去呢?原因有两点:一是级别越高,要求越高,压力越大,而压力也是动力;另一点则是特教领域的无奈了,就区县来讲,就一所特教学校,这唯一的特教学校还不一定做课题,眼界不放宽,想交流的特教同行都有限。

课题立项了,反馈的意见是:选题抓住了当前特教发展的重点问题、难点问题,很有研究的价值和意义;反馈的问题是:研究问题、研究的内容都不够聚焦。还沉浸在申报成功喜悦中的我们、在科研路上刚刚起步的我们,记住了前半句的鼓舞,却还不能完全理解后半句的难度。

我们按照自己的理解,一步步推进着我们的科研工作,到融合学校实地调研,访谈老师、访谈家长;请专家指导,明晰不同阶段解决问题的重点;每周举行一次科研例会,懂的、不懂的,大家都说一说。科研工作,也与资源中心工作真真实实地统一到了一起。而所有的科研成果,如随班就读接案安置管理规范、随班就读个别化课程资源、县域随班就读评估体系、随班就读培训课程等都变成了区域融合教育实实在在的具体做法、要求或相关资源。

3年的研究周期结束时,双流区的融合教育也已取得了显著的进步,并因鲜明的特色,受到了教育部、中国残联、省、市各级领导的高度肯定,国内外及省内外特教同行们先后到双流参观、交流,并给予了高度赞扬。掌声与鲜花不期而至,但这背后所付出的艰辛与行进过程中的痛苦挣扎,也成为烙印深深刻进这群特教教师的职业历程中。我们感谢科研,如果没有课题的引领,或许我们还在迷茫中迷茫,还在无数次的尝试中碰撞。是科研逼迫我们不得不放弃惯有的感性思维做法,不断地接受"为什么? 依据呢? 效果呢?"这一系列真正回归现实的拷问。它保证了我们真正基于实际,保证了我们的工作指导思想正确有效,保证了我们出现问题后能及时修正,保证了我们前进方向的准确性。科研成果的提炼促进我们深度思考并让我们所获得的有效经验成为可复制、推广的智慧成果,从而有机会为更多的特殊孩子带来福祉。所以我想说,科研是寻求真理的捷径,是做好工作的法宝。

同时,对特教人来讲,科研是一种捷径,还包含着另一层意义。

作为我区特教领域的第一个省级课题,《县域特殊教育资源中心运作机制的研究》(结题时更名为《特殊教育学校资源中心引领县域随班就读教育质量提升的实践研究》)带给我们的惊喜,在后面远远超过了我们的预期。它不但解决了当时我区融合教育推进的现实问题,更获得了四川省第五届省政府普教教学成果一等奖以及首届国家级教学成果二等奖,这都创造了双流区科研成果的获奖纪录,成为双流区首个省政府一等奖获得者,更是四川省全省范围内,到目前为止为数不多的获得国家级教学成果奖的特教成果。而这些荣誉带来的不仅是鲜花和掌声,更重要的是各级领导、教育专家,对双流特殊教育的再认识,以及区域普校同行对特殊教育、特校教师的认可。而这种信任与认可,对特教人来讲是难能可贵的。

这种难能可贵,源于特殊教育长久以来的尴尬——缺少与普通教育相同的评价标准与竞技平台。特教面对的都是个体差异巨大、学习发展潜力未知的孩子,特教评价体系里本身就没有可直观比较的、统一考试的分数,所以常常引来非专业人士的误解甚至是一定程度的不屑——你说你教育质量好,证据呢? 你说孩子的变化大,为什么在我看来他还是需要那么多的支持呢? 还是有那么多的不会呢? ……作为特教教师的我们,往往连解释的欲望都没有。同样的,特殊教育有着自己的竞赛体系,因本身的基数小,特教教师的各级比赛,貌似竞争激烈,而实际情况也并非如此,对比赛获奖的认同度也往往不高。唯有在科研领域,在这个所有人都认为有难度的领域,特教教师能与普教教师平等地一决高下。虽然科研成果也不能绝对代表教育质量,更不能完全代表教师综合素质,但它的结果是受所有人认可的,而认可的后续,又往往意味着更大的支持与更多的资源。就这一点对特教来说，很重要，很有价值。

所以，科研是特教人的一种捷径。

思辨力，对每个人都很重要

思辨，与"经验思考"相对，强调运用逻辑推理而进行的思考。思辨能力对我们的影响无处不在，最直接的，就是我们常说的感性的人和理性的人。而在工作中，思辨能力体现最突出的、对思辨能力要求最高的，就是科研工作。而我们对思辨能力重要性的感悟，则主要来源于一份疑惑、一份反思。

我们所疑惑的是，为什么明明科研极大地帮助我们解决了现实问题，却常成为饱受一线教师诟病、唯恐避之不及的工作任务？我们所疑惑的是，为什么有那么多广受学生欢迎、上课很好的优秀教师却对写论文头痛不已？在我们想来，只要是能助人解决问题、解除烦恼的事情，都应受到广泛且热烈的欢迎，还有什么比解决麻烦更让人开心的呢？而一位上课极好、广受欢迎的教师，则更应该是综合素养很高的人，他一定拥有远远不限于以下的明显优势：对教育有自己的看法、见解，有厚重的学科专业及人文涵养、极高的临场应变能力、敏锐发现问题的能力，且深谙心理学之道。这样一个优秀的人，为什么会对写论文感到头疼呢？就好比一位已经做出佳肴的厨师，却没法讲出他是怎么做出这道佳肴的，这不科学。而且，优秀教师若不能将他的成功经验用最容易推广的方式——论文来推广，对教育来讲，是多么大的遗憾与损失。

直到我们接触到越来越多老师的论文，才发现中间的分歧所在——在上好一堂课或者解决问题的过程中，我们会面对和需要处理的因素是很多的，在这些因素中，有的对问题的结果起决定性作用，有的有重大影响，有的会产生少部分影响，还有的则可能仅是看起来需要处理而已。一般情况下，我们会处理掉我们发现的所有影响因素，然后尽可能得到理想的结果。但是当理想结果呈现之时，我们再去反思总结提炼的时候，我们之前认为重要的、关键的影响因素及处理办法，可能并不是真正重要之所在，这也就导致我们的总结提炼看起来毫无新意——珍珠被遗漏了。另一方面，我们也常常看到，基础教育一线教师的论文，尤其是报告类，常会出现问题与措施不沾边或者措施在问题周边打转，总感觉没有直指问题核心的情况，导致读者奔着你的问题解决方案来，却并没有得到想要的答案，当然失望而返，更有甚者，我们所表达的问题，根本不是我们真正要提出的问题。这一系列的情况，个人认为，都是思辨能力缺乏的表现。

可能有人要反驳，教师就是为写论文而生的吗？思辨力有那么重要吗？写论文当然不是教师最重要的任务，教师最重要的，还是教书育人。但是请想得更长远些，一个缺乏思辨能力的老师，能在经验的道路上走多远呢？我们都在感叹现在的孩子一代比一代聪明，而缺乏思辨能力的老师如何与时俱进地去发现和满足不同时代特征、不同认知特质的孩子真正的成长需求呢？而且不说教育是多么复杂又重要的事业，就连我们普通人在日常生活中做选择的时候,不也应该多一些理性思考,少一些经验主义吗?所以,思辨能力并不是哲学家、高级别的专家才需要的能力,它是我们每个人都必不可少的基础能力。

对思辨力重要性的另一层感悟,来源于我个人职业成长经历的反思。作为学校引进的第 1 个重点大学毕业的特殊教育专业本科生,从入职开始,文字工作就成为我的重要工作内容之一。在入职第 2 年,我就成为学校科研工作的具体负责人,在普通学校这几乎不可想象,但同样不可想象的是特教学校在当年专业人员是多么稀少,当然我前面也提到过,科研工作是学校里最不受待见的工作。不过老祖宗说得好,一分耕耘一分收获,付出总会有回报。对我而言,科研工作带给我的最有意义的回报就是,锻炼了我的思维,开阔了我的视野,让我的思辨能力有了质的提升。如果要问我,这个提升的质变发生在什么时候,我可以肯定地告诉各位,就发生在撰写课题结题报告的过程中。但是,在这之前长达 3 年的课题推进过程中积累的量变,是后期产生质变的基础。

我校的第一个省级课题开题已经过去了整整 7 年,但我至今仍记得我们在起步阶段,追寻真问题、聚焦问题过程中的彷徨,我们感到一堆问题围绕在脑海,但却不能辨别哪一个才是我们最该攻击的对象,那种无助让我深深地挫败。而这种挫败,在撰写结题报告时,让我有了更刻骨的领会。第一次邀请专家指导结题报告时,专家一句话就让我们透心凉:"这是工作报告,不是研究报告。"研究报告要聚焦问题,研究报告要有对症的研究措施,措施必须直指问题关键要素………是的,思辨能力、逻辑思维能力,我们太缺乏,缺乏到甚至听不懂专家的话,更不要说与专家对话。幸运的是,我们遇到了一位有意培养我们思辨能力、思维能力的高人,这位高人的出现,让我以及当初接受过他训导的所有同事都觉得无比幸运和感恩。他不同于一般的指导专家会直接告诉你问题及修改策略,他总是善于提出问题,让我们自己去思考、回答,而他总能根据我们的回答将我们引至正确的答案。当时的我们被逼问得很狼狈,从未如此恐惧过讲话,但现在回想起来,正是那几个月的磨炼与高强度的头脑风暴,让我们的思辨能力有了质的提升。在这之后,我们思考问题、撰写课题材料都越来越得心应手,到现在,学校通过不同渠道共申请了省级课题三项,区级课题一项,这在以前是不可想象的,要知道,到目前为止,我们学校的所有教职员工也不过几十人。正是经过前期磨砺成长起来的科研骨干教师,带动了学校其他教师思辨能力、科研素养的提升,才会带来学校课题井喷的状况以及可以直观感受到的教师综合素质的提升。

更重要的是,这种提升对一个人的影响是全方面的,不仅提升了我们的工作能力,也让我们在处理其他事务,包括个人生活事务上,越来越清晰干练、卓有成效。所以,请务必相信思辨的重要性。思辨能力,真的太重要了!

普特携手的大特教研究

特殊教育,曾经是隔离与小众的代表,似乎与普通大众异常遥远。而如今,提到特殊教育,于脑海里闪现的,绝对是一种普遍的存在。特殊学生,不等同于残疾学生;特殊教育,也不再是特教学校一家之事。除了特教学校里的孩子外,分布在各普通学校的特殊需要孩子,被迫"蜗居"在家里接受送教上门的孩子,也都是特殊教育服务的对象。我们一直期待着大众观念的改变、社会文明的进步,能让越来越多的特殊孩子进入普通大众的视野,参与到日常的社会生活中。因此,我们倡导普特携手的教育支持服务。就特教研究来讲,我们倡导普特携手的大特教研究。这里的大特教,强调以更宽阔的视野、生态化的眼光来看待特殊孩子,强调对个体差异性的再认知——我们每个人都具有个体差异性。

特教大课题研究

梳理区域特教研究课题就会发现,重大特教课题的引领者主要还是区特教资源中心、特教学校。双流区的特殊教育省级课题,已结题 2 项,在研 3 项,均由特教学校(资源中心)申报。而这些省级课题研究的问题全都围绕着融合教育,如资源中心的建设与运作、资源教室的功能结构深化、特教学校转型为资源中心的机制体制改革等。而融合教育的主阵地始终是在普通学校,研究效果更是需要普校的变化,尤其是普通学校中的特殊孩子的变化来检验和体现。因此,在重大课题研究中,更需要普校师生的支持与参与。在我区已结题的 2 项省级课题中,《特殊教育学校资源中心引领区域随班就读教育质量提升的实践研究》是通过二级资源室学校承担子课题的形式实现普特合作探究的；而《随读生学习质量提升的资源教室功能结构深化研究》的研究任务则由特校直接与两所普校共同完成，普校资源教师也是课题组主研人员。

在具体的研究推进过程中，我们将现场研讨与远程会议相结合，将科研任务与融合教育工作相结合。资源中心主研教师定期深入合作普校，直接参与特殊孩子的个别化制订、课程补救、资源室常规工作等。

普通学校里的特教研究

双流区的融合教育，无论是量的层面还是质的层面都发展迅速，这得益于强有力的政府保障、政策推动，以及高素质的区域整体师资队伍。但无论如何，融合教育给普通学校带来的挑战及给普校教师带来的压力是不言而喻的。纵有区特教资源中心竭尽所能的支持与指导，然而在极具地方特色的融合教育"1+5+N"运行模式下，普校庞大的支持需求与资源中心专业资源有限的矛盾，导致数量众多的特殊儿童教育需求仍然需要普校教师自行解决。这是对整个区域教育的挑战，但同时也是区域特殊教育百花齐放、百家争鸣的机会。

纵观双流融合教育十多年发展历程，可以清晰地看到，普通学校对特殊教育、融合教育领域的关注，星星之火逐成燎原之势。普通学校里的特教研究数量、质量变化，与整个区域融合教育质量提升的步伐是一致的。同时，各个融合学校对特殊教育问题的关注点、研究点，才是最能反映学校融合教育真实发展阶段的指标。比如，在融合教育推行之初，老师们关注的焦点肯定是如何让普通孩子及家长,甚至包括部分老师,真正地接纳特殊孩子,如何让有情绪行为问题的孩子坐下来、不打扰他人;而随着融合教育的推进,老师们的关注点逐渐过渡到怎样为特殊孩子设计适宜的课程,如何提升特殊孩子的学习效率等。因此,普通学校里的特教研究,在通过研究解决现实问题的本身意义之外,还有其他意义。

普特携手的特教研究形式

在研究形式方面,就双流区的实际情况来看,特教课题研究主要有以下几种探究形式:

重点个案"1+1+1"结对探究

在区域融合教育推进过程中,有适应良好、发展良好的特殊孩子,就一定会有情况复杂、疑难杂症的孩子,对于这部分尤其需要重点关注孩子所呈现出的难点问题。我们确立了由区资源中心巡回教师、普通学校教师、特殊学生"1+1+1"结对的研究策略。其中,资源中心选择科研骨干成员作为巡回教师加入个案研究,普通学校优先考虑资源室教师,其次考虑随班就读班级的骨干教师作为结对成员。经前期实践,这种研究方式实效明显,能够有效促进普校教师及巡回教师各自专业优势的充分发挥、融合。

普校教师加入大课题研究团队

普校教师作为课题组主研人员,加入到由研培中心、特教学校、资源中心承担的特教课题(一般为市级及以上)中,这种形式是目前较受普通学校教师欢迎的特教课题研究形式。这种形式的优点在于实现了研培中心、特教学校、资源中心特教专业理论优势与普通学校融合教育实践检验的完美结合。同时，在课题推进过程中，特教专业教师可以更清楚地了解普校融合教育推行的真实情况及面临的"普教问题"；而对普校教师而言，则有了在实践中学习特教知识、技能的绝佳机会。双流区融合教育省级课题《提升随读生学习质量的资源教室功能结构深化研究》就采用了这种研究方式，由区特教学校牵头，与双流区黄水小学、双流区胜利小学共同承担课题研究任务。实践也证明，这种研究方式对保障研究效果很有必要。

普校独立承担的特教课题（包括特教子课题）

比如在双流区首个省级课题《特殊教育学校资源中心引领区域随班就读质量提升的实践研究》中，就有 5 所二级资源室学校承担了子课题研究任务，如彭镇小学的《随班就读教师多元化评价研究》，黄龙溪学校《资源室对初中特殊教育需求学生的支持策略研究》等。这种形式，既为总课题丰富了研究成果，也让普通学校在独立承担特教课题乏力的情况下，实现了以课题为载体，推动整个学校的融合教育发展。

普校小课题研究

普通学校校本的、以教研组为主阵地的小课题研究，着力解决学校在当前阶段融合教育工作中遇到的实际问题，讨论、研究如何做好某项具体的融合教育工作，如研讨确定怎样召开有实效的个案分析会，如何解决某个特殊孩子当前的行为问题，如何为某个特殊孩子设计符合其发展需求的资源室课程等。这类研究"研究味"不算浓厚，但对一线教师，尤其是面对具体个案的一线教师,效果显著。

与严格意义上的高要求高标准的国家省市级课题相比,目前普通学校里的特教课题研究确实还有较大的提升空间。但区域内明显的如雨后春笋般的特教研究之势,让我们对区域融合教育的发展后劲充满信心与期待。正是这些不够"高大上"的课题研究,为区域内几百个点位的特殊需求保驾护航,更是在这样接地气的研究活动中,为普通学校培养了一批批专业更强、研究意识更强的融合教育骨干教师。同时,这一系列的研究活动,也反向促进了区特教学校、区特教资源中心对特殊教育、融合教育热点问题、难点问题、前沿趋势等的关注和基于区域实际的相关研究,对提升整个区域特殊教育、融合教育质量大有裨益。

更让人欣喜的是,普校里这些课题研究,也结出了丰硕的研究成果。除学校变化、学生成长等直接的研究效益外,双流区老师们的显性特教研究成果,如研究论文、报告、教学案例、教学随笔等,无论从数量还是质量上都有明显提升。普校教师撰写的融合教育经验论文越来越多地出现在各级报刊及论文评选的获奖名单上。在已开办十多年的区域特教交流刊物《双流特教》上,也能明显看出文章的质量一年更比一年好。

同时,另一个值得我们关注的是这些来之不易、经历了实践检验行之有效的研究成果的推广应用问题。我们应当建立一种意识:要让每一个成果都成为大家的成果,让每一分成效都能复制出新的成效。为此,双流区建立了特殊教育资源库、特殊教育网、融合教育互联网管理平台、《双流特教》期刊等线上线下信息管理交流及学习平台，从而让更多的人能有机会获知成果并因此受益。

"小荷才露尖尖角"，我们期待着，在"特教学校为骨干，融合教育为主体"的特殊教育格局下，普通学校肥沃的土地上能有越来越多、越来越绚丽的特教之花绽放异彩。

特教研究助推特校华丽转身

特教学校转型成为区域特殊教育资源中心，是有担当、有责任感、有使命感的特校顺应特殊教育事业专业发展趋势的必要作为。2017年新修订的《中华人民共和国残疾人教育条例》要求"县级以上地方人民政府教育行政部门应当统筹安排支持特殊教育学校建立特殊教育资源中心，在一定区域内提供特殊教育指导和支持服务"，将特校这种主动的专业觉醒正式定义为行政决策。担当区域特教资源中心的角色，对特校来说，已不再是可犹豫徘徊的选做题，而是一道必答题。

但是，特教学校能否真正转型成功，发展成为具有区域指导力、引领力、名副其实的区域特殊教育资源中心，完全是一个未知数。这期间既有来自学校内外的各项影响因素，如特校教师的认识、意愿问题，在普校中的认可度的问题，特校已有的专业资源能否支撑资源中心职能要求的问题，也有到底具体该怎么做、怎么转型的操作问题，如转型的第一步该做什么？在区域的实际情况下，资源中心的职能定位是什么样的？为了能有效履行职能，需要寻求哪些支持，在哪里可以获得这些支持？

因此，特校到特教资源中心，绝非简单地下发一份文件、挂一个牌子，而是一项彻底的教育改革。改革，首先既意味着必将打破已有的舒适区，更意味着需要科学的顶层设计，意味着若干的实践论证。

特教研究，在这期间发挥着不可替代的重要作用。我们在科研思维的引领下，逐一扫除转型过程中的关键问题，一步步推动特教学校朝着区域特教资源中心转变。

关键问题 1：转型的目的地在哪里？

首先要弄清楚，我们要转成什么样子？转型后的资源中心是做什么的？其运行模式大概是什么样的？在这个过程中，我们运用了文献分析法，通过中国知网（CNKI）数据库、万方数据库、国家图书馆等资源，大量查阅关于特教学校、资源中心支持区域融合教育的理论及实践研究文献，梳理并总结相关研究综述，学习了国内外不同发展模式下，资源中心的职能、角色、定位等，并结合我区实际，提出了转型后的特教资源中心应当具备的职能以及初步的运行模式，进而在特教专家的指导下，经过反复论证，确定双流区特教资源中心的八大职能：特教咨询、诊断评估、宣导培训、课程支持、巡回指导、考核评估、资源组织、特教研究。搭建起了转型后资源中心的基本模型。

关键问题 2：老师们愿意转变吗？

这是一个非常核心的问题，所有的顶层设计、美好蓝图，最后都需要实际的执行者去完成。因此,特校老师的态度、认识,是决定特校能否最终转型成功的关键因素之一。但实际上,在当前的时代要求下,老师们并没有真正的选择权,老师没有,校长也没有,其实所有人都没有选择权,不转变就落后,不转变就会被淘汰。我们真正需要的并不是老师是否愿意转变这个肤浅的答案,我们真正需要掌握的是还有多少老师还没有认识到转变的必要性、迫切性,需要掌握的是他们为什么不愿意转变。为此,可以通过设计"特教学校职能翻转为区域特教资源中心可行性"的调查问卷,对全校每位教职工,就特教学校转型成为区域特教资源中心的态度(是否支持)、对融合教育工作的理解与态度等进行调查,并深度分析。调查结果即为后期开展针对性的理念宣导培训以及具体的操作策略提供直接依据,以保障后续措施的科学性、实效性。

关键问题3:现实与理想的差距在哪里?

当前的特教学校与理想中的资源中心除了职能定位等的差距,在实质内核层面,如师资队伍的整体专业构成、教师的专业素养水平、专业的设施设备、课程设置及实施模式,以及职能履行的运行模式等,还存在一定的差距。

关键问题4:实现目标,着力重点在哪里?

我们认为,要真正实现特教学校到特教资源中心的转变,必须攻克以下难点:

①促进特教学校职能翻转为区域特教资源中心的校本改

革策略具体包括:适应特校职能翻转的全员教师阶梯化融合教育专业培训策略;特校职能翻转进程中部门、教师工作内容、考核办法的改革策略。

②特教学校翻转为区域特教资源中心后的管理体系、运作方式是中心及各部门的工作职责和有效履职的运作体系;中心各部门履职过程中的管理规范及专业要求;对中心各部门的考核评估策略。

③其他影响特校职能翻转及资源中心履职效能的重难点问题的解决策略,包括:残疾人教育专家委员会的运行策略及与资源中心的合作策略;区域特殊教育专业(人力、物力、行政)资源建设等。

凭借科学的顶层设计、扎实的实践探究,在几大关键问题引领下,双流特教学校披荆斩棘,实现了由传统封闭隔离,到引领区域的华丽转身。上级教育行政部门对特教学校的文化理念、课程建设和区域融合教育推动等工作的认识逐步加深;教育局行政官员对特教新理念的理解不断提升,认识到特殊教育学校有专业管理能力、服务能力和科研能力,能够履行好作为区域特教资源中心的职责;区域普特融合教师团队整合力得到提升,特校教师第二专业,如语言治疗、物理治疗、情绪行为干预、社交技巧训练、学科调整等服务能力增强。普通学校资源教师及随班就读教师的常规工作开展更加顺利,解决特殊教育相关突发问题的能力进一步提升;区域1个资源中心为龙头,5个二级资源教室为骨干,N个三级资源教室为主体的三层级管理机制进一步完善,双流区域大特教翻开新篇章!

第九章 深度融合创新互动平台

融合教育集团

2018 年 5 月 14 日下午,双流区教育局小教科在区特教资源中心组织召开了双流区融合教育集团筹备会议,随后双流区融合教育集团正式成立。双流区融合教育集团以推动集团内融合教育发展为目的,是由区教育局领导,区特教资源中心引领,区域融合教育学校参与的教育集团。

组建融合教育集团的初心,是为了高度整合普特教理念和资源,为区域内身心障碍学生提供优质、公平教育服务,在融合环境中实现普特学生共同发展。结合区域融合教育实际,融合教育集团现阶段目标为:进一步提升区域内身心障碍学生教育诊断及评估安置的科学性,完成《双流区身心障碍学生评估安置及就学建议服务手册》;使融合学生的个别化支持更加适切、优质,完成双流区融合教育背景下的个别化教育计划更新方案,切实提升区域融合教育课程与教学支持的针对性、实效性;综合提升区域融合教育整体质量,使学校融合教育的氛围更加浓厚,提升师资专业水平,使融合学生个别化课程更加科学、丰富,区域特教资源活力得到提升。

目前,双流区融合教育集团下辖 9 个独立编制单位,分别为:双流区特殊教育资源中心(特殊实验学校)、双流区彭镇小学、双流区实验小学、双流区东升小学、双流区实验小学(东区)、棠湖中学实验学校、双流区东升一中、双流区黄龙溪学校、双流区实验小学(东区)。其中,双流区特殊教育资源中心(特殊实验学校)为集团龙头单位;双流区彭镇小学、双流区实验小学、双流区东升小学、双流区棠湖中学实验学校、双流区东升一中、双流区黄龙溪学校、双流区实验小学(东区)为集团理事会骨干学校,区域内其他各级各类学校为成员学校。其中,双流区实验小学为区内名优学校,胜利小学、彭镇小学、黄龙溪学校为市级示范性资源室学校,实验小学(东区)、棠湖中学实验学校、东升一中为片区单位学校。融合教育集团以"普特共融"为工作路径,聚焦个案支持,融合课程调整与实施、融合精英团队培养、融合精品学校打造,通过集团工作例会、主题研修活动、个案研究、课题研究、教师交流、成果展示等积极搭建集团交流互动平台。双流区融合教育集团理事会办公室设在双流区特殊教育资源中心。

集团成员单位为区内各融合教育研究与实践单位,因此,集团属于业务指导型单位。成员单位人、财、物各自独立,由集团负责对成员学校进行融合教育理念、环境、课程、资源等的优化调整,通过普特行政干部、教师间跨专业多层次的教学互动交流、个案问题现场指导、考核评估体系研究、机制体制改革探索等形式,促进各成员单位融合教育支持体系的高效构建,进而消除区域内学校间融合教育质量两极分化严重的问题，实现共同发展。

双流区融合教育集团执行理事会管理制度如下：理事会设理事长1名，由双流区特殊教育资源中心执行主任担任。下设副理事长，由各成员学校校长担任。集团下设"一室七中心"（集团办公室、融合教育诊断评估安置中心、学生适应性行为支持中心、融合课程支持中心、融合教师发展中心、融合教育改革与研究中心、融合环境无障碍与安全支持中心、融合教育资源组织与建设中心），各设主任1名，副主任由各成员学校负责同志担任。"一室七中心"正副主任均为理事会理事。

集团办公室主要职责为统一协调规范管理，促进集团融合教育工作的规范化、科学化；完善机制，共享共进，提高集团教师融合教育专业发展水平与技能；定期研究集团融合教育工作，总结集团融合教育工作经验；规范集团档案管理，特殊教育资源中心作为龙头单位成立融合教育集团档案室，设立专门档案员，由集团办公室统一管理相应档案；各成员学校安排专人负责整理校本部的融合教育工作情况档案，并加强管理；协调集团融合教育工作文书收发、活动组织及会务安排；组织专家、集团各成员学校相关人员讨论研究并制订集团融合教育发展规划，通过巡回指导、考核评估等方式促进集团融合教育各项工作推进。

融合教育诊断评估安置中心负责做好区域残疾儿童评估与首次安置建议；做好集团各成员学校特殊学生阶段性评估与转衔安置建议，保证各成员学校每个特殊需要学生均能获得适切安置与最大发展；指导集团各成员学校基于随读生学习质量的内涵,制订包含指导思想、评价内容、实施流程、工作要求的随读生学习质量综合评价方案;督导集团各成员学校按"制订考核目标→准备考核材料→确定考核方式→考试现场准备→实施考核→考核结果分析→完成综合评价报告"的个别化考核流程,开展好随读生考核评估工作;建立融合教育集团随读生校内、校际动态转衔安置制度,规范随读生动态转衔安置流程,确保集团内各成员学校随读生能获得最适切的教育安置。

学生适应性行为支持中心负责收集学生的适应性行为问题,为集团教师提供学生行为管理、行为支持的交流分享平台,形成个案适应性行为支持资源库,供教师交流借鉴,促进融合班级管理;联合集团融合环境无障碍与安全支持中心,引领各个集团学校成立学校融合文化策划室,进行学校融合文化建设,组织学校、班级之间的文化交流,促使融合教育学生在良好的融合氛围中建立正向行为;建立集团普特学生手拉手工作室,在集团内定期开展普特学生主题融合活动,提升区域普通学生融合接纳度支持度,促进特殊学生的品德发展;引领集团学校成立融合教育家长委员会,普特家长共同为学生提供家庭支持;有效调动社区资源,建立适应性行为融合社区基地,促进普特学生的社区适应行为。

融合课程支持中心职责组织各成员学校有计划、有主题地开展常规特教教研活动,完善集团内特殊教育教研活动的制度;聚焦特殊学生学习质量,广泛开展课堂教学和资源室课程实施的专题研讨,探索集团学校特殊学生个别化课程实施的新模式；聚焦课程建设，依据集团内学校各自办学特色，开发融合教育校本课程，增强学校办学活力；成立集团融合教育教学视导工作室，定期开展成员学校间的教学视导活动，确保融合教育课程的建设与实施质量；对各类课程资源进行开发和整合，推进集团教学资源库的建设。

融合教师发展中心负责定期调研集团融合教育教师的发展状况，制订集团融合教育教师发展规划；指导各集团学校制订融合教师个人发展规划，建立教师专业成长记录档案袋，对集团内融合教师进行发展性评价；建立集团内教师职业分层发展和集团教师交流制度，组织不同层次、不同形式的培训交流，促进集团内教师队伍有序流动，提升集团融合教师的整体素质；成立融合教育名师工作室，在集团内营造"比、学、赶、超"的良好氛围，提升教师的普特专业整合力；构建集团教师培训的通识性和专题性模块，对集团内教师进行集中和分散结合的培训，指导各成员学校进行自主校本培训，促进教师专业发展。

融合教育改革与研究中心负责申报适应集团共同发展的研究课题，组建成员校共同参与的课题联组，以课题为引领，带动集团学校融合教育科研水平的整体提升；有计划、有步骤地指导成员学校的特教科研工作，明确任务，落实措施；每年组织开展一次学校交流学习活动，每一学期开展至少一次集团教研科研活动；形成一年一度的集团学校共同组织的特殊教育教学教研学术年会机制，搭建交流平台，凝聚集团合力，加强集团发展；聚焦区域融合教育推动的重难点问题，开展先导性探究,以科研促改革,不断完善、开拓和创新区域融合教育工作。

融合环境无障碍与安全支持中心负责联合学生适应性行为支持中心,引领各成员学校营造良好的融合教育氛围;根据各成员学校特点和设施,提供无障碍建设可行性建议;督促各成员学校制订无障碍建设方案;定期检查各成员学校校园无障碍环境建设情况;落实身心障碍学生的安全隐患排查制度,包括物理环境的安全隐患、学生生理疾病、学生心理动态;开发满足身心障碍学生需要的安全教育课程。

融合教育资源组织与建设中心负责定期调研统计成员学校特殊学生专业设施设备需求;根据区域特殊教育整体发展与运作需求进行特教专业设备统一配置;建立融合集团成员学校间特殊教育专业设施设备的统一调度机制,实现专业资源共享和高效使用;根据身心障碍学生的个体融合学习需求进行辅具适配;加强外部特教相关资源的整合与链接,如政府资源、专家资源、社会资源等。集团在成员校中建立以特殊学生个别化支持服务流程环节为单位的专家资源库,承担集团内特殊学生的教育教学康复及相关技能培训工作任务,充分发挥专业领军人才示范引领作用和师培辐射作用。建立教学资源库:建立一套类别完整、年段完整的教学设计、教材调整、教学课件、作业设计库等教学资源库,便于集团学校资源共享。同时,管理集团学校内部的特殊教育专业设施设备、场地等作为教育集团的共享资源。

双流区融合教育集团的成立是双流特殊教育国改区成果

基础上的创新,是双流区融合教育发展的新探索,双流区将
"普特携手"共同开启新时代融合教育新篇章。

融合教育夏令营

　　双流区融合教育开展了十多年,在双流区资源中心的专
业引领下,双流区已经建构了较完善的融合教育机制体制,在
双流区融合教育学校资源室建设、融合教育工作开展、"1+5+
N"三层级管理方面都有明确的规范,双流区融合教育工作已
经从注重机制体制的构建到注重融合教育学生学习质量的提
升。师资专业知识技能的提升、从评估到制订实施个别化教
育计划、完整的考核体系、具有地方特色的融合教育氛围创设
已经大幅度提升了融合教育学生的学习质量。在调查中,我
们仍然发现融合教育学生希望有更多的平台与人沟通、走进
社会、融入社会;融合教师也希望有更多的时间和平台与融合
教育学生相处,与特教教师共同研究学习,提升自己的专业知
识技能。

暑假他该干什么?

　　　普通小学二年级1班的听障融合学生焰焰的妈
妈最近很烦恼。焰焰已经放暑假了,每天他会主动
完成暑假作业,剩余时间待在家里看iPad、看电视。
妈妈让焰焰出去玩,他不想出去,总觉得没有小朋友
跟他玩。妈妈为了让焰焰的暑假生活更丰富,给他
报了暑假辅导班,但是焰焰很不喜欢辅导班的新环

境,常常找借口不去辅导班;于是妈妈安排焰焰在家打扫、买菜、煮饭,却发现他根本不愿去买菜,也不会煮饭。焰焰多次跟妈妈说他想跟同学玩,但是妈妈不知道怎么联系同学。看着在暑假里这么无聊的焰焰,妈妈有些着急了。暑假,焰焰究竟该干什么呢?要是有能够提升焰焰社交沟通能力,能够让他多走出家里,走入社区的夏令营就好了。

双流区特殊教育资源中心从 2015 年开始,陆续建立了丰乐菜市、交通银行、影立方、欧尚超市、花园社区、中医院等 21个融合教育实践基地,为特殊需要儿童提供融合教育学习、实践的机会,帮助特需儿童适应社会。家长的需要、融合教师的需要、特需儿童的需要、融合教育实践基地的建立,为融合教育夏令营的诞生提供了条件。

2017 年春,区特教资源中心开始筹办夏令营。要组织一个什么样的夏令营活动呢?是暑期辅导班式的教学型夏令营活动,还是外出挑战的军训式夏令营活动?要招收哪些人进入夏令营呢?是附属特殊教育实验学校学生、融合教育学生,还是普通学生?由哪些人来做夏令营活动的志愿者呢?是特教教师、融合教师还是社会人员?这些问题一一摆在了中心夏令营负责教师的面前。

要理清这些问题,就要先明白我们开办夏令营的目的是什么。面向区域的融合教育夏令营,首先招收的营员应该限制在双流区的范围内;其次招收的营员应该具有最大限度的包容性,应该包括融合教育学生、特教学校学生和普通学生;

而开展融合教育夏令营的目的则是让特需学生能够融入社会，参与社会活动；在志愿者的选择上，我们更倾向于融合教师、特教教师和社会各行各业的人员，我们希望更多的人关注这一群体，能够为这一群体提供支持。

确定了融合教育夏令营的营员和志愿者及开展活动的目的后，确定融合夏令营活动的内容又是一个难题。融合教育学生普遍具有社交沟通训练的需求，需要在融合实践基地进行社会能力实践。学生的需求就是我们的活动指向，因此满足普特学生深度融合交流，讲授特需学生特殊需要的课程、社会实践的课程是融合教育夏令营的主要内容。我们根据报名参与融合夏令营的学生的特点和教师情况，设计了 2017 年夏令营的相关活动。除了日常的学科课业辅导、训练等教学外，还针对当前国家时事政策和社会焦点问题进行了一系列活动。

基础学习

基础学习主要包括 10 天，夏令营中每天上午有一节课，开展生活语文和生活数学的教学。生活语文和生活数学的教学由执教生活语文的牵头老师组织教师共同商讨适合夏令营班级学生特点的单元主题，在主题中分设生活语文和生活数学的内容，并分析整理出特色活动中蜗牛故事、蜗牛剧场和蜗牛小厨房的内容，确定单元主题及每天的教学目录。在生活语文和生活数学课程中，夏令营的学员们将学到与生活直接相关的知识，并应用于生活实践中。在 2018 年的融合夏令营活动中,整理出了以"夏天"为主题的单元主题,开展了包括夏季蔬菜、夏季水果为主题的生活语文和生活数学教学活动,在蜗牛小厨房中开展了炒制夏季蔬菜、制作水果沙拉的活动,在蜗牛剧场和蜗牛故事营中则讲述了夏天的故事,编排了以夏天为主题的情景剧。

特色活动

校园安全防骗集训营

为了提高特殊儿童、少年的安全和自我保护意识,掌握基本的逃生和自我保护技能,我们邀请医学护士给学生讲解及演示相关医学卫生知识。2017 年夏令营开展了《我的青春期》《夏季疾病预防》等医学知识相关讲座;2018 年夏令营开展了《划伤急救的办法》《溺水怎么办?》的医学知识讲座并进行了办法演练。邀请消防员用小学生喜欢参与的消防演练活动的形式模拟逃生现场,学习正确灭火方法。与蜗牛剧场营合作,排练剧场《被骗走的他》,让更多的学生在情景剧的演绎和观看中了解如何防骗。

蜗牛剧场营

在剧本表演中保护特殊儿童少年的天性,提升学生的整体素质以及各种能力,将通过表演学习到的能力运用在生活的方方面面。结合基础学习、校园安全防骗集训,开展《我的夏天》《被骗走的他》《鳄鱼怕怕　牙医怕怕》等绘本表演活动。

蜗牛故事营

通过阅读绘本、讲绘本比赛、表演绘本提高特殊儿童、少年的语言表达能力、理解能力和看图能力。故事营向夏令营家长推荐了绘本公众号"特教爱绘本""爱绘本"，推荐了适合融合学生阅读的绘本。在故事营，老师们带领融合学生共同阅读绘本《猜猜我有多爱你》《我爸爸》《我妈妈》，通过老师讲、学生讲、学生演的方式理解绘本，理解绘本中的感情。

蜗牛小厨房

掌握简单的烘焙技巧和厨房餐点的制作，学会打扫和整理厨房。小厨房结合社会实践，通过学生自己买菜或到蜗牛种植园摘菜，在小厨房洗菜切菜炒菜，制作并品尝了解蔬菜；通过烘焙室烘焙小面包、制作蛋挞，学习烘焙方法，分享糕点，懂得分享的礼仪。

社会实践

根据在基础学习中的单元主题，开展对应的单元主题活动。如蜗牛种植园，我们开展了"走进蜗牛种植园，走进菜市场"的社会实践活动，让营员们在种植园观察学习植物的种植和生长过程；在菜市场学习如何与人沟通，如何购物，将所学知识用于实践。在看电影单元主题中，我们开展了"走进电影院，一起看电影"的社会实践活动，让营员们自主买票，寻找座位，遵守观影秩序。我们根据营员和 2017 夏令营的情况修改了 2018 年融合教育夏令营的课程。

除了课程设置，我们还为每个夏令营班级挑选了班主任，负责班级教师、助教、营员家长间的沟通。在教师主助教的安排上，我们尽量满足每节课至少有 1 名特教背景的教师和 1

名普教背景的教师共同上课。课前让 2 位老师先与主教和助教协商,针对学科教学和特殊儿童的特点进行讨论,共同处理课堂中遇到的突发问题。在融合活动中,普通学生和特需学生共同学习,相互协助;社会志愿者参与其中,协助普特学生的学习。

　　2017 年,共 37 名来自双流各中小学的普特学生参与了双流区融合教育夏令营的活动,年龄最大的 12 岁,最小的 5 岁。参与融合夏令营的志愿者教师共计 21 人,其中普教融合教师 9 人,特教教师 11 人,高校教师 1 人。社会志愿者共计 25 人,有在读大学生、在读研究生、社会工作者。2018 年,共 42 名身心障碍学生参与了双流区融合夏令营活动,其中特教校就读学生 18 名,融合教育学校学生 24 名。融合教育学校的身心障碍学生主要来自彭镇小学、实验小学、永安小学、西航港实小、九江小学、东升小学、实小(东区)棠湖小学等。参与活动的普校、特校和高校的志愿者老师有 43 名,来自融合教育学校的普通中小学、高职学生共计 37 名。

　　融合夏令营活动使普特教师、社会工作者和普特学生的收获颇丰。一位社会志愿者说:"这是我第一次与这些身心障碍学生一起学习、一起生活,原来我们还可以给他们提供这么多支持!"普校融合教育教师也在活动中收获很多,廖老师在夏令营闭营仪式上谈道:"跟这么多身心障碍的孩子在一起这么久,我更加深入地了解到了不同障碍学生的特点和需求;跟特教教师在一起,我从实践中获得了更多的特教专业知识和技能。"特教老师也谈到,普特融合的班级让我们见到了现实中的融合班级，如何调整课程以适应班级里不同需求程度的学生，我们从融合教师那儿学到了很多。一位普通学生谈到，虽然我现在只有 8 岁，但是这次的融合教育夏令营活动，让我知道我的身边有这样一群需要帮助的特殊小朋友。在我未来的人生中，我将持续关注这些小朋友。而这群特需孩子，在夏令营的活动中习得了生活技能、沟通技能、社会实践技能，更获得了很多珍贵的朋友，让他们能够更自信地生活、学习。